Foutez-vous la paix !

Et commencez à vivre

Principaux ouvrages du même auteur

PHILOSOPHIE

Comment la philosophie peut nous sauver ?, Flammarion, 2015 (Pocket 2016).
La tendresse du monde, l'art d'être vulnérable, Flammarion, 2013.
Auschwitz, l'impossible regard, Le Seuil, 2012.
Conférences de Tokyo. Martin Heidegger et la pensée bouddhique, Cerf, 2012.
L'amour à découvert, retrouvez une manière authentique d'aimer, Le Livre de poche, 2012 (Paru en 2009 sous le titre *Et si de l'amour on ne savait rien*, Albin Michel).
La voie du chevalier, Payot, 2009.
Risquer la liberté, vivre dans un monde sans repère, Le Seuil, 2009.

POÉSIE ET ART

Petite philosophie des mandalas : Méditation sur la beauté du monde, Le Seuil, 2014.
Pourquoi la poésie, L'héritage d'Orphée, Pocket, Agora, 2010.
Rainer Marie Rilke, L'amour inexaucé, Le Seuil, 2009.
Jackson Pollock ou l'invention de l'Amérique, Éditions du Grand Est, 2008.
Comprendre l'art moderne, Pocket, Agora, 2007.
La photographie, Éditions du Grand Est, 2007.

MÉDITATION

Méditer, laisser s'épanouir la fleur de la vie, Marabout, 2016.
Être au Monde, 52 poèmes pour apprendre à méditer, Les Arènes, 2015.
Méditer pour avoir confiance, 12 méditations guidées pour surmonter peur, angoisse et découragement, Audiolib, 2015.
Frappe le ciel, écoute le bruit, ce que vingt-cinq ans de méditation m'ont appris, Pocket 2015.
La méditation, PUF, Que sais-je ?, 2014.
Méditations sur l'amour bienveillant, Audiolib, 2013.
Pratique de la méditation, Le Livre de poche, 2012.
Méditation, 12 méditations guidées pour s'ouvrir à soi et aux autres, Audiolib, 2011.

Fabrice Midal

Foutez-vous la paix !
Et commencez à vivre

Flammarion | Versilio

© Flammarion, 2017.
© Versilio, 2017.
ISBN : 978-2-0814-0428-1

Sommaire

Introduction 9

1. Cessez de méditer
   Ne faites rien 11
2. Cessez d'obéir
   Vous êtes intelligent 23
3. Cessez d'être sage
   Soyez enthousiaste 39
4. Cessez d'être calme
   Soyez en paix 53
5. Cessez de vous refréner
   Désirez ! 69
6. Cessez d'être passif
   Sachez attendre 77
7. Cessez d'être conscient
   Soyez présent 87
8. Cessez de vouloir être parfait
   Acceptez les intempéries 95
9. Cessez de chercher à tout comprendre
   Découvrez le pouvoir de l'ignorance 109

Foutez-vous la paix !

10. Cessez de rationaliser
    Laissez faire 119
11. Cessez de vous comparer
    Soyez vous-même 125
12. Cessez d'avoir honte de vous
    Soyez vulnérable 137
13. Cessez de vous torturer
    Devenez votre meilleur ami 147
14. Cessez de vouloir aimer
    Soyez bienveillant 163
15. Cessez de discipliner vos enfants
    La méditation n'est pas de la Ritaline 167

Conclusion 175
Bibliographie 183
Remerciements 187

Introduction

Depuis des années, je suis amené à animer des conférences et des séminaires dans des écoles, des entreprises, des hôpitaux. J'en ressors immanquablement avec le même constat : nous nous torturons à longueur de journée.

Nous nous torturons à intégrer des normes, des injonctions, des modèles qui ne nous correspondent pas. Nous nous torturons parce que nous voulons « mieux faire » et que nous estimons ne jamais « bien faire ». Nous nous torturons parce que nous sommes persuadés que les autres, eux, savent « bien faire ». Nous nous torturons, souvent sans qu'il ne nous soit rien demandé…

Nous sommes pris dans un activisme frénétique qui nous rend complètement aveugles. Happés par l'urgence de « faire », nous ne voyons plus qu'en réalité nous ne « faisons » rien : nous nous agitons et nous oublions l'essentiel. Nous oublions d'oser.

Foutez-vous la paix ! Mon expérience m'a appris qu'il n'y a pas d'autre moyen de redécouvrir les possibles en nous que nous avions complètement oubliés. Arrêtez ! C'est le seul moyen d'agir. Libérez-vous des protocoles, des procédures, des pseudo-urgences qui n'en sont pas ! C'est ainsi seulement que vous verrez jaillir en vous l'enthousiasme et l'envie d'aller plus loin.

Ne fuyez pas au sommet d'une montagne ni au fond d'une grotte pour réfléchir : restez là et cessez de raisonner. Foutez-vous la paix parce qu'il y a urgence dans notre monde qui crève de souffrances, de misères, d'inhumanité. C'est tout de suite qu'il nous faut créer le changement. En nous foutant la paix...

1

Cessez de méditer
Ne faites rien

Ne demande jamais ton chemin à celui qui le connaît. Tu risquerais de ne pas pouvoir t'égarer.

Rabbi Nahman de Bratslav

Est-ce que je médite ? C'est une question qu'il m'arrive de me poser quand je vois l'avalanche de livres et la multitude de discours qui nous somment de pratiquer la méditation, nous enseignent ses techniques et nous déroulent la liste de ses bienfaits.

Est-ce que je médite ? Non, pas dans ces conditions. Je ne me somme à rien et, quand je n'ai pas envie de méditer, je fais autre chose et puis c'est tout : ce n'est ni un bien ni un mal, ce n'est pas un drame.

Je n'applique pas une technique, je ne m'appuie pas sur un mode d'emploi : je médite pour me libérer de toutes les injonctions.

Foutez-vous la paix !

Et je n'ai pas pour objectif de devenir sage, ni calme, ni patient. Je n'ai aucun objectif, aucun but, pas même celui d'entamer ou de finir la journée dans un état d'esprit particulier.

Je pratique la méditation depuis plus de vingt-cinq ans, je l'enseigne depuis près de quinze ans, mais je n'ai ni technique à transmettre, ni promesses à faire miroiter. D'ailleurs, quand j'ai commencé à enseigner, beaucoup m'ont prédit l'échec. Qu'allais-je pouvoir communiquer quand j'expliquais d'emblée que la méditation n'est pas productive, qu'elle ne rend pas plus efficace, qu'elle n'assagit pas et que fondamentalement, au sens ordinaire, elle ne sert à rien ? Et que c'est justement parce qu'elle nous délivre de l'asservissement de cette dictature de l'utilité et de la rentabilité propre à notre temps qu'elle est une chance.

Au fil des ans, autour de moi, l'obsession de la performance est devenue un poison. La rentabilité et l'utilité ont été érigées en maîtres mots de notre monde... y compris en matière de méditation. J'ai vu les manuels et les exercices proliférer, et même des posologies être quasi prescrites avec des résultats garantis au bout de dix ou vingt séances. Il faudrait, nous dit-on, méditer dans les entreprises pour augmenter la rentabilité, dans les écoles pour que les élèves soient plus concentrés et plus efficaces, à la maison pour être moins stressé.

J'ai vu des apprentis méditants désarçonnés, puis dégoûtés : leur « apprentissage » avait échoué, ils n'avaient pas été transformés et ne s'étaient même pas déstressés. Sans doute, me disaient-ils, qu'ils ne s'étaient pas assez concentrés, n'avaient pas réussi à se détacher de leurs pensées, ils s'étaient laissés distraire, s'étaient mal assis, ou peut-être que la technique prodiguée, finalement très difficile, n'était juste pas faite pour eux. En réalité, ils se sont préparés comme pour un oral d'examen : plus on est crispé, plus on est focalisé sur l'obligation de réussir, plus on court de risques de se présenter gorge nouée et mains moites, avec peur et sans plaisir, et donc d'échouer.

Cette méditation, ou ce que l'on appelle ainsi, n'est pas mienne. La méditation telle que je l'entends n'est pas une technique, elle n'est pas un exercice, elle n'a rien de mystérieux : elle est un art de vivre. L'art de se foutre la paix. Je ne prescris rien, je ne fournis pas d'astuces, je ne garantis rien et je ne donne pas de bons points. Je ne suggère pas de regarder passer ses pensées sans s'y attarder, comme des nuages qui finissent par se dissiper : cette technique ne part pas d'une mauvaise idée, mais, quand on la pratique, elle devient très vite fastidieuse et on finit par s'emmerder. Et quand on s'emmerde, on cesse d'être vivant. Or, je n'ai pas envie de me torturer sous le prétexte qu'il me faut méditer. Je préfère parier sur l'intelligence et l'humanité de chacun. Je sais que mes propos vont heurter, mais j'ai choisi de dire la vérité, parce que c'est ma conviction profonde.

Foutez-vous la paix !

Au fond, on ne médite que si on arrête de chercher à méditer. Si on se débarrasse de l'impératif de devoir réussir quelque chose, d'accomplir quelque chose, de répondre à un objectif. Donc d'être dans l'angoisse de l'échec. Dans ma vie, oui, je suis parfois crispé ; m'ordonner alors de me détendre est le meilleur moyen de me crisper encore plus. De me torturer. Je n'attends même pas qu'on m'en donne l'ordre : je sais très bien me torturer tout seul. Comme tout le monde, j'ai tendance à vouloir « bien faire ». Tellement « bien faire » que je me place dans un état de tension extrême. Je me pose des défis et je suis pris d'une peur panique de ne pas parvenir à les relever. Pourtant, je sais d'expérience que lorsque je me contente de constater que je suis crispé et que je m'autorise sincèrement à le rester, quand je me fous la paix avec ma crispation, je finis, curieusement, le plus souvent, par me détendre très vite. C'est ce geste-là, à la fois si simple et si compliqué, le fait d'oser se laisser tranquille, l'audace de se foutre la paix, que j'appelle méditation.

Je me souviens de mes grands-parents qui passaient de longs moments, en silence, à regarder crépiter le feu dans la cheminée. Communistes, ils avaient pris leurs distances avec la religion et la spiritualité. Ils étaient loin d'être des mystiques et n'avaient jamais entendu parler de méditation, mais leurs soirées devant le feu sont ce qui se rapproche le plus de la méditation telle que je l'entends. C'était, pour eux, une forme d'hygiène de l'esprit. Un acte naturel, banal mais indispensable. Aussi naturel et banal que de marcher, de bouger, de se fatiguer, de pratiquer ce que nous appelons aujourd'hui le sport et que nous accomplissons, nous, selon des protocoles savants, avec des machines, des instructions, des appareils mesurant nos performances – et les comparant à celles du voisin. Nos arrière-grands-parents, eux, n'avaient pas besoin de faire leur jogging pour rester en forme.

J'avais quatorze ans quand j'ai entendu parler pour la première fois de cette pratique qui, à l'époque, était confidentielle. Elle m'avait fortement intrigué mais j'ai eu peur, en m'y engageant, de devenir une sorte de légume. Ne rien faire pendant un moment, n'est-ce pas une démission totale ? Par ailleurs, m'étais-je dit, si cette méthode si simple fonctionnait vraiment, tout le monde l'aurait adoptée. Je me suis replongé dans les livres que je dévorais et dans les poèmes que j'écrivais. Mais au fond de moi, je restais intrigué…

À vingt et un ans, j'ai sauté le pas. J'avais entamé des études de philosophie, et ma déception était à la hauteur de l'enthousiasme qui m'avait poussé dans cette voie. Pour tout dire, je n'y arrivais pas. Je m'y étais engagé en cachette de mes parents qui croyaient, eux, que j'étudiais le droit. Je ne me sentais pas très à l'aise avec mon mensonge, mais j'espérais réussir enfin quelque chose qui me plaise. Or, mes résultats étaient médiocres. Je ne parvenais pas à lire les livres qu'il fallait et quand, au prix d'extrêmes efforts, j'en avais lu un, j'oubliais aussitôt les concepts que j'aurais dû maîtriser.

J'étais accablé quand j'ai sonné à la porte d'un groupe d'Américains dont on m'avait donné l'adresse. Un homme fort affable m'a accueilli et m'a introduit, en quelques mots, à la méditation : il me suffisait, m'a-t-il dit, de bien m'asseoir sur mon coussin et d'être juste présent, attentif à ce qui se passe. De mettre de côté mon savoir et mes compétences, et de ne pas essayer de comprendre, parce qu'il n'y a rien à comprendre. Je n'en revenais pas : cette fois, là, vraiment, je n'avais rien de compliqué à faire. C'est ainsi que j'ai médité pour la première fois. Sans savoir à ce moment que j'avais la chance d'être initié par Francisco Varela : l'homme affable qui m'avait ouvert la porte était en fait l'un des plus grands neurobiologistes contemporains.

Sur mon coussin, j'ai enfin su ce qu'était le soulagement, le vrai. Vous n'imaginez pas le choc ! J'étais un mauvais élève dont les bulletins étaient truffés de « peut mieux faire », « à punir sévèrement », « toujours dans la lune », un élève qui aurait bien voulu « mieux faire » mais ne comprenait pas du tout ce qu'on lui demandait, ni le rapport que cela avait avec sa vie. À l'école primaire, tout n'allait encore pas trop mal. Quand j'avais une difficulté, quand j'étais triste, j'allais voir la maîtresse et le rapport qu'elle avait avec moi, bienveillant et confiant, m'apaisait. Mais au collège, on avait tant d'enseignants… Je n'avais plus aucun rapport personnel avec eux. Je ne comprenais plus rien. On devait faire ceci. Apprendre telle leçon. Je n'y arrivais pas.

Et là, pour la première fois, je n'avais rien à réussir : il me suffisait juste d'être présent à ce qui est, de revenir à ma présence corporelle, à mon souffle, à mes sensations, à mes perceptions, à ce qui m'entoure.

Je me suis enfin senti à la maison et j'ai commencé à fréquenter régulièrement ce groupe. J'ai parfois mis beaucoup d'intensité à ma pratique, même si l'on me demandait essentiellement de me détendre. J'ai connu des séances où j'avais peur d'échouer, de rater. Mais il n'y avait rien à rater et je ne le réalisais pas encore tout à fait. J'avais du mal à le croire. J'ai connu des moments où j'étais inquiet d'être jugé alors que personne n'était là pour me juger et, à ces moments, j'étais déçu, perdu. J'arrivais à peine à respirer tant je cherchais à me concentrer pour « bien faire ». Je ne savais pas encore qu'il n'y a rien à faire. J'aurais aimé que l'on me dise : « Fous-toi la paix », mais ce n'était pas dans le vocabulaire de l'époque. On me le faisait comprendre, mais j'étais sûr d'avoir mal compris. Malgré moi, je revenais aux mécanismes habituels que l'on met en œuvre dans la vie de tous les jours pour réaliser une tâche, je « faisais attention ». Attention à ne pas commettre d'erreurs, à bien m'asseoir, à bien respirer. C'est alors que d'un seul coup, tout se nouait : je perdais le sens de la méditation.

Il m'a fallu du temps et des tâtonnements pour enfin admettre que méditer, c'est tout simplement se foutre la paix. Et que se foutre la paix, cette règle d'or de la méditation, devrait être le leitmotiv de toute notre existence. Nous sommes conditionnés à toujours « faire » : cuisiner, travailler, aimer, regarder un film, répondre au téléphone. Même quand nous disons « je ne fais rien », en réalité nous faisons plein de choses : nous zappons sur notre télé, nous bavardons dans notre tête, nous passons d'une activité et d'une pensée à l'autre, dans la discontinuité et la peur d'un moment de silence. Notre attention est fragmentée et nous avons réellement l'impression de « ne rien foutre », de perdre notre temps inutilement, de ne rien accomplir d'essentiel ni de nourrissant.

Méditer, au fond, c'est tout simplement le fait d'être. Le fait de s'arrêter, de s'octroyer une pause, de cesser de courir pour rester présent à soi, pour s'ancrer dans son corps. C'est une école de vie. Être n'implique pas de connaissances particulières. Méditer au sens où je l'entends et le pratique, non plus. D'ailleurs, il n'existe pas d'expertise en méditation – le maître zen japonais Shunryu Suzuki, qui a vécu et enseigné aux États-Unis, à la fin des années 1960, répétait volontiers que les meilleures méditations sont celles des débutants, les experts ayant tendance à se perdre dans les complications... Méditer, c'est rester un débutant. Ouvert et curieux. On ne fait rien, et pourtant il se passe plein de choses.

J'ai été formé à la pratique dans cette perspective qui présentait la méditation comme un geste de liberté plutôt que comme une technique mécanique et protocolaire. C'est ce que l'on nomme aujourd'hui très justement la pratique de la *mindfulness*, un terme que je traduis par pleine présence plutôt que par pleine conscience. Dans cette perspective, méditer est aussi simple que se laver les dents ou regarder un feu de cheminée.

Essayez. Asseyez-vous. Sur un coussin ou sur une chaise, peu importe : il n'existe pas de posture à prescrire ni à proscrire. Le fait de s'asseoir n'est pas une technique, c'est juste une manière très simple de réussir à ne rien faire, à ne se préoccuper de rien. J'y ajouterais un conseil de bon sens : tenez-vous droit pour rester alerte, présent, disponible. Plutôt qu'une obligation, j'y vois une attitude naturelle : quand vous regardez un film ou suivez une conférence, n'avez-vous pas naturellement tendance à vous redresser au moment crucial, celui qui vous intéresse et dont vous ne voulez rien manquer ?

La droiture de la posture ouvre l'esprit à l'entièreté du présent. Ce n'est pas un hasard si vous chantonnez plus volontiers debout sous la douche

Foutez-vous la paix !

qu'affalé sur le canapé ! Du reste, de manière assez amusante, des chercheurs explorent aujourd'hui ce phénomène. Ainsi, dans le cadre d'une étude menée aux États-Unis, des cobayes ont été répartis en deux groupes. Les chercheurs ont demandé à ceux du premier groupe de se tenir avachis, épaules tombantes, comme s'ils s'excusaient. Pour ceux du deuxième, la consigne était de se tenir droit, dans une position de réussite. Les mêmes exercices ont été donnés aux deux groupes. Dans le premier, les cobayes se sont empêtrés dans les difficultés. Les seconds, ceux qui s'étaient tenus droits, s'en sont sortis haut la main...

Se tenir droit ne sera pas, au début, très confortable. Il faut un peu de temps pour apprivoiser cette étrangeté ! Il faut de l'audace pour l'accepter ! Peut-être aurez-vous mal au dos ou aux jambes. Autorisez-vous à le constater, à le reconnaître, avec attention et bienveillance, sans culpabiliser : non, je ne me suis pas « mal » assis, je n'ai pas « échoué », j'ai juste mal au dos ou aux jambes, et cette douleur-là n'implique aucun jugement de valeur. Il ne s'agit pas de se torturer : changer de position, au bout d'un moment, n'a pas valeur de sanction. Il arrive que l'on me demande si on a le « droit » ; laissez tomber cette idée de « droits », remplacez-la par celle de liberté. Et tant pis si vous n'arrivez pas à rester droit !

Vous êtes submergé de pensées ? Soit. Je ne vais pas m'obliger à faire le vide dans ma tête – je serais certain d'arriver au résultat inverse et me retrouver avec un déluge incontrôlable de pensées. Je vais rentrer en rapport avec ce qui se passe, prendre ces pensées comme elles viennent. Je ne vais pas les disséquer, je ne vais pas non plus leur déclarer la guerre ni les obliger à s'en aller. Je vais considérer que toutes mes pensées, toutes mes perceptions, y compris sensorielles, participent de la méditation. Au fond, je ne vais rien faire. Je vais être.

Méditer n'est pas se détacher ni se désincarner, mais, au contraire, s'ouvrir au monde à travers ses sens, donc à travers son corps. C'est sentir le contact de ses pieds avec le sol, de ses mains sur ses cuisses, des vêtements sur sa peau. C'est entendre une voiture qui freine, un passant qui parle, sans essayer de comprendre, sans juger, sans même y mettre de mots. En prenant acte, c'est tout : j'entends, je vois, j'ai faim, je suis en rapport, et bientôt le son devient plus ample, il devient infini, il devient poésie…

Nous sommes d'emblée des êtres relationnels, mais, dans la vie, nous nous coupons des relations, nous nous isolons, nous oublions cet acte généreux qui consiste à ne pas chercher à toujours expliquer, comprendre, justifier, critiquer. Je prends la méditation comme un entraînement très simple, très facile, à cette attitude généreuse que l'on devrait apprendre à appliquer, y compris à soi-même, ou plutôt d'abord à soi-même. Je ne conçois pas cet entraînement comme un exercice, ni comme un travail sur soi. Il n'est pas une consigne ni un défi à relever, mais une invitation à se laisser entraîner. Il n'est pas une méthode d'introspection ou de bonification du moi, il n'est pas un « moi, moi, moi ». Parce que « moi » n'est pas un individu isolé qui médite pour regarder son nombril. En méditant, je découvre combien je fais partie du monde. J'entre en relation avec ce qui est, tel qu'il est, y compris avec moi, en un geste de bienveillance que la vie nous a désappris.

Cessez de méditer... et respirez. Respirer est un acte naturel qui ne nécessite aucun effort. Mais c'est en même temps un phénomène extraordinaire, l'acte de vie par excellence : juste en me foutant la paix et en respirant, je suis vivant ! Méditer est du même ordre : c'est un acte naturel par lequel je laisse la vie revenir en moi, grâce auquel je redeviens vivant. C'est surtout un acte de tous les moments qui consiste en une forme d'attention et de bienveillance, en dehors de tout jugement. Je suis triste ou énervé ? Je prends acte de ma tristesse ou de mon énervement... et je me fous la paix. La méditation est une respiration sans consignes ni sanctions. Et c'est en cela que réside son pouvoir de guérison. Respirer, c'est se resynchroniser avec la vie. Méditer, c'est se foutre la paix et s'autoriser à redevenir humain...

2

Cessez d'obéir
Vous êtes intelligent

> *Soyez résolus de ne servir plus, et vous serez libres.*
>
> La Boétie

J'étais enfant, nous étions en vacances, en famille, dans le sud de la France. Sur la plage, mes parents nous avaient inscrits, ma sœur et moi, à un concours de châteaux de sable. Nous disposions d'une heure, je me suis attelé à la construction d'un vrai château, avec ses donjons et ses ponts-levis. Je n'ai pas réussi à en terminer la moitié. Ma sœur, elle, avait choisi de sculpter une coccinelle et, pour qu'elle soit parfaite, elle l'avait ponctuée de confiture de fraise – elle en avait rapporté un pot de la maison. Elle avait gagné le premier prix, et ma déception était énorme. Non pas parce qu'elle avait gagné, mais parce que j'estimais qu'elle n'avait pas respecté la consigne. Les organisateurs du concours, eux, avaient récompensé sa

Foutez-vous la paix !

créativité et évidemment son savoir-faire. Sa coccinelle, je l'admets, était une réussite.

Cette anecdote me revient à l'esprit à chaque fois que je suis pris par la tentation de suivre aveuglément, à la lettre, une règle dans laquelle je finis par m'enferrer. Une règle qui m'est édictée ou, plus souvent encore, une règle que je m'impose à moi-même, que je nomme une habitude et dont je me rends inutilement prisonnier. Je crois bien faire, mais je manque d'une claire vision de la situation. Ce que je fais est absurde…

Obéir semble souvent la solution facile et un gage de prudence puisqu'ainsi nous ne nous écartons pas du chemin tracé par d'autres. Nous n'avons plus peur de nous tromper : en suivant la consigne à la lettre, nous sommes sûrs de « bien faire ». Sans même en prendre conscience, nous nous livrons à un acte de servitude. Nous râlons parfois un peu, mais nous nous exécutons quand même…

Étienne de La Boétie, rendu célèbre par son amitié avec Montaigne, a écrit en 1549, très jeune, un livre inouï, *De la servitude volontaire*. Ce texte prodigieux a été « oublié » pendant des siècles avant d'être réhabilité en partie par Gandhi, l'apôtre de la non-violence. La Boétie y pose une question surprenante : pourquoi les hommes renoncent-ils si facilement à leur liberté pour obéir à un autre ? L'une des raisons, dit-il, est notre peur de perdre la parcelle de pouvoir que nous détenons, aussi minime soit-elle. Et il a cette formule qui n'a malheureusement rien perdu de sa fulgurance : « Le tyran tyrannise grâce à une cascade de tyranneaux, tyrannisés sans doute mais tyrannisant à leur tour. »

Les courtisans que nous restons anticipent les ordres et ne veulent surtout pas soulever de vagues. Ils se brident, servent le maître (ou le courant majoritaire) et anticipent même ses désirs – parce qu'ils en tirent profit, au moins celui d'être transparents, de se fondre dans la masse. Ils obéissent parce qu'ils ne veulent pas prendre de risques ni avoir d'emmerdes. Ils acceptent la censure et s'autocensurent. Ils sont persuadés qu'il n'existe pas, pour eux ni pour la société, d'autre solution que la servitude, l'abdication, l'imitation. Ils en sont arrivés à oublier leur profond désir de dire non face à l'absurdité de certains ordres...

Pourtant, nous sentons bien qu'obéir sans discuter, sans comprendre pourquoi, voire sans être d'accord, nous étouffe, nous éteint, empêche l'intelligence que nous portons en nous d'éclore. Nous avons envie de dire non, mais quelque chose nous retient. Une éducation, un formatage.

Depuis sa naissance, le petit humain est incité à rentrer dans un moule au lieu de prendre le risque d'assumer sa propre liberté. À l'école, il apprend à appliquer des règles toutes faites, il est bombardé des connaissances nécessaires pour le rendre disponible sur le marché du travail. On ne

Foutez-vous la paix !

lui enseigne ni à réfléchir ni à être humain, mais à reproduire à l'identique, durant les contrôles et les examens, des connaissances qu'il a apprises par cœur. Notre éducation fait abstraction du monde chaotique d'aujourd'hui et de demain où chacun sera un jour amené à changer de métier ou de lieu de vie, à évoluer très rapidement au sein de sa profession pour s'adapter à la vitesse de notre XXIe siècle. Une époque où il aura alors surtout besoin d'avoir l'intelligence des situations pour penser par lui-même, pour questionner, pour lire, non pour obéir à des règles qui seront très vite dépassées. Pour se débrouiller dans la vie. Au lieu de formater les gens à un état donné de la société, nous devrions leur apprendre à penser et à être libres ! Cela serait à la fois plus humain, mais aussi plus efficace.

Nous confondons formation et formatage. Même un stage de trampoline pour enfants de quatre ans se transforme en « apprentissage de techniques » et en parcours sanctionné par une « évaluation des compétences ». Donc en lutte, en compétition, indépendamment de la dimension du plaisir et de l'épanouissement qui ne sont plus qu'accessoires. Peu importe l'épanouissement de l'individu : il apparaît comme une demande narcissique, seule compte une comptabilité aveugle. Nous sommes comme le petit garçon que j'étais sur la plage : nous croyons bien faire, mais nous construisons les conditions de notre échec. Nous

Cessez d'obéir

ne savons plus prendre de la hauteur et voir plus grand que le cadre dans lequel nous sommes enfermés, dans lequel nous nous enfermons. Pourtant, ce cadre n'est pas fermé ! Les règles sont beaucoup moins rigides qu'on ne le croit.

Bien sûr, il est parfois risqué de sortir du cadre pour emprunter un chemin nouveau. Pourtant, si l'on y pense bien, nous faisons tous l'expérience de situations où nous nous découvrons des ressources insoupçonnées, un savoir dont nous ignorions que nous le possédions. Nous nous révélons alors à nous-mêmes comme un chiot jeté pour la première fois à l'eau et qui découvre qu'il sait d'instinct flotter et même nager ! Des situations, y compris de la vie quotidienne, à première vue banales, mais où nous nous sommes transcendés. Où nous avons été géniaux parce que nous avons laissé s'exprimer cette intelligence qui ose.

Ces situations-là, les grands scientifiques, les grands artistes en sont les témoins – et ils éclairent un phénomène que chacun d'entre nous peut développer. Einstein a révolutionné la physique le jour où il a décidé de passer outre les règles qui étaient celles de la science de son époque. Il a été présent à ce qui est, et non à ce qui était édicté comme tel. Par sa liberté, il a bouleversé la science. Newton, recevant une pomme sur la tête, a choisi de sortir du chemin tout tracé qu'il aurait pu suivre par commodité, comme quantité de scientifiques de son époque. Ce jour-là, libéré des

Foutez-vous la paix !

règles, il a élaboré la loi de la gravitation universelle. Kandinsky, face à un tableau de Monet dont il ne reconnaît pas le sujet (une meule de foin), découvre le pouvoir de la peinture et se libère des contraintes et des schémas qu'il s'était lui-même imposés jusque-là.

Qu'ont fait Einstein ou Kandinsky que nous ne savons généralement plus faire ? Ils ont brisé le carcan, ils ont cessé d'obéir aux règles existantes et quelque chose est venu à eux, sans qu'ils l'aient forcément anticipé.

Ma grand-mère confectionnait le meilleur gâteau au fromage du monde. Mais quand je lui demandais la recette, elle me disait qu'elle prenait du fromage blanc, des œufs, du sucre, de la farine… et parfois elle y ajoutait des raisins, des abricots ou d'autres fruits. Je croyais qu'elle faisait exprès de ne pas être plus précise. Mais non, elle inventait chaque fois sa manière de faire, selon son inspiration, et c'était toujours délicieux, parfois meilleur, parfois moins bon. C'est ce « moins bon » justement qui nous tétanise : nous sommes plus rassurés quand nous utilisons une balance de cuisine et suivons à la lettre une recette sans rien y modifier. Quitte à toujours nous répéter, quitte à ne jamais nous surprendre. Quitte à devenir une sorte de robot.

Vous voulez réussir un examen, un entretien, une présentation ? Commencez par vous foutre la paix. Libérez-vous des carcans qui vous emprisonnent sans même que vous vous en rendiez compte. Découvrez d'autres forces, d'autres atouts qui tiennent de la capacité d'inventer une réponse. Le candidat à un entretien d'embauche qui s'en tient à ce qu'il a prévu de dire, qui a répété son discours, sera déstabilisé quand on lui posera une question à laquelle il ne s'attend pas. Au lieu de faire preuve de la présence d'esprit nécessaire, il sera coincé dans ce qu'il a appris, dans les règles du comment « bien » faire qu'il cherchera à appliquer à la lettre. Dans son obsession de vouloir tout contrôler, il ne sera pas prêt à entrer dans la danse. Il va s'empêcher de donner le meilleur de lui-même.

J'en ai moi-même fait l'expérience quand j'ai donné mes premières conférences. Je voulais tellement « bien faire » que je ne faisais que m'étouffer. Je multipliais les lectures, les notes, et je rédigeais un texte que je lisais. Tout le monde s'ennuyait, et moi le premier. J'obéissais à des règles que j'avais moi-même inventées. Un jour, j'ai fini par comprendre qu'il me fallait transgresser ces règles. Certes, je prépare toujours mes conférences, mais, à un moment, j'arrête d'y penser. La première fois que je me suis lancé, sans texte écrit mais avec juste quelques notes, j'ai eu l'impression d'un saut dans le vide. Et j'ai été surpris de l'intensité de l'expérience. Il se passait quelque chose que je n'avais pas prévu. Parce que j'avais commencé à me foutre la paix, à me faire confiance, mes conférences avaient enfin trouvé vie...

Je me suis souvent demandé pourquoi nous persistons à nous soumettre à des règles souvent absurdes, à des protocoles tatillons qui nous brident et nous empêchent d'avancer. Sans doute avons-nous l'impression qu'ils sont un rempart contre le chaos. C'est certainement vrai : je suis convaincu qu'on ne peut pas vivre sans règles. Et ce n'est pas en m'opposant systématiquement à toutes les règles que je serai créatif ou vivant ! Que de mouvements révolutionnaires ont créé des règles encore plus rigides que celles qu'ils prétendaient dénoncer ! Les casseurs qui noyautent les manifestations pensent être libres parce qu'ils s'attaquent aux règles avec violence, mais ils se trompent de servitude. Ils restent prisonniers de leurs propres schémas.

Beaucoup de règles sont nécessaires à la cohésion sociale, mais aussi à notre propre structuration. Il y a des horaires à respecter, des tâches à accomplir, un respect de soi et de l'autre qui doit être accepté par tous. La vraie question à se poser est de savoir lesquelles nous devons suivre : les avons-nous choisies ou non ? Les suivons-nous par peur de nous faire remarquer, de prendre un risque ou en toute conscience ?

J'insiste, car mon invitation à se foutre la paix ne consiste pas à faire n'importe quoi. Au contraire. C'est l'aveuglement à suivre certaines règles qui nous fait faire n'importe quoi.

Je n'appelle pas à la sottise des casseurs, mais à l'intelligence qui existe en nous et qu'il nous faut juste apprendre à redécouvrir.

Je n'appelle pas à l'anarchie, mais à la vie sans muselière.

Le footballeur qui place un but magique ne transgresse pas les règles du jeu qu'il connaît pleinement. Mais grâce à elles, il peut inventer sa manière de jouer. C'est là, précisément, ce qui fait tout le talent de certains. Ils sont suffisamment bons pour oser le geste inattendu. On a alors le sentiment qu'ils offrent tout…

Quand ma sœur et moi avions participé au concours de châteaux de sable, elle n'avait pas construit une maison en carton sous prétexte que le sable ne l'amusait pas ou la salirait ! Elle s'était pliée à la règle du jeu, mais elle l'avait interprétée avec son intelligence et sa créativité. Elle s'était libérée du carcan, mais ne s'était pas pour autant exclue du concours.

Oui, je suis ponctuel à mes rendez-vous, je paye mes impôts, je ne fraude pas dans le métro, je prépare mes interventions, et suivre ces règles-là me libère l'esprit. Je joue le jeu social avec ses conventions, mais je veille à ne pas devenir esclave de celles-ci, à ne pas les laisser me porter dans une routine qui m'empêcherait de vivre. Je réponds à ces règles, je m'y conforme, mais en

Foutez-vous la paix !

essayant de ne pas tomber dans une servitude volontaire.

Je me fous la paix, c'est-à-dire que je m'autorise à un rapport complètement neuf, complètement vivant, aux règles et à la discipline. Je ne me plie pas à une règle parce que c'est une règle ; je l'intègre quand elle me rend plus libre. Sinon, j'essaie de la questionner.

La grande leçon de la méditation, c'est justement de découvrir les dons du présent qui nous permettent de répondre intelligemment à la situation. En ce sens, la méditation que je défends est une éthique : elle nous demande de savoir faire face à chaque situation et d'inventer un rapport juste à elle. De lâcher la pression des règles, de refuser la servitude volontaire qui favorise la tyrannie sous toutes ses formes.

J'ai personnellement souffert de la fréquentation de « maîtres de sagesse » qui se prétendaient aptes à dire ce que l'on devait faire. J'ai connu ces maîtres à une époque où je cherchais une voie vers la liberté. Certains m'avaient impressionné parce qu'ils étaient eux-mêmes fondamentalement libres. Mais j'ai bien été obligé de reconnaître que les groupes qu'ils avaient fondés ne vivaient pas cette liberté. Ils suivaient les règles du maître et retombaient dans une soumission volontaire, supportée au nom de discours spirituels enflammés qui leur faisaient croire être des sortes d'élus.

Cessez d'obéir

J'ai vu graviter, autour de certains « maîtres », des « disciples » qui perdaient peu à peu le contrôle de leur vie. À force d'obéir, ils cessaient d'avoir confiance en leurs propres ressources. À chaque pas, ils demandaient conseil au « maître ». Lequel leur dictait la « conduite juste ». Ils avaient ainsi fini par annihiler leur propre intelligence. Tous ces maîtres n'étaient pas malfaisants, certains étaient généreux et justes, mais tous brisaient la liberté authentique.

Nous ne pouvons pas apprendre à être, à aimer, à décider quoi que ce soit d'essentiel en nous en remettant au pouvoir d'un autre.

En un sens profond, personne ne peut donner de conseil à personne. Chaque être est différent. Chaque situation est unique. Et la nécessité de penser par soi-même nous incombe à tous.

À Londres, pendant la Seconde Guerre mondiale, pendant les ravages du nazisme, Simone Weil, qui n'avait plus que quelques mois à vivre, ne cesse de penser aux conditions du renouveau. C'est là qu'elle écrit sa *Note sur la suppression générale des partis politiques*. Elle y compare l'appartenance à un parti et à une Église, deux exemples, dit-elle[1], de soumission de l'intelligence et de la justice. Dans les deux cas, l'individu adhère à une

---

1. Simone Weil, *Note sur la suppression générale des partis politiques*, Climats, 2006.

pensée, ou à une croyance, sans en connaître tous les attendus, il se range à des affirmations établies d'avance, que parfois il ne connaît même pas.

Il ne s'agit pas d'empêcher les individus de se regrouper, car le groupe est un enracinement salutaire où se déploient l'amitié et la solidarité, mais de protéger partout la liberté de l'esprit. Comme elle l'écrit : « Presque partout – et même souvent pour des problèmes techniques – l'opération de prendre parti, de prendre position pour ou contre, s'est substituée à l'obligation de la pensée. C'est là une lèpre qui a pris origine dans les milieux politiques, et s'est étendue, à travers tout le pays, presque à la totalité de la pensée. Il est douteux qu'on puisse remédier à cette lèpre, qui nous tue, sans commencer par la suppression des partis politiques. En entrant dans un parti, tout individu est obligé d'adhérer à une ligne donnée – il n'a plus la possibilité de penser. Il ne lui est pas possible de dire : "Je suis d'accord sur tel et tel point ; mais n'ai pas étudié ses autres positions et je réserve entièrement mon opinion tant que je n'en aurai pas fait l'étude." » C'est ce qui empêche nos sociétés d'être vraiment démocratiques...

La méditation, me dit-on, est en elle-même une technique avec des règles qui lui sont propres. Ne nous conduit-elle pas à abdiquer notre liberté ? En réalité, je compare les règles-cadres de la méditation à la ponctualité. Être à l'heure ne m'empêche pas d'être libre, au contraire : cela me libère du poids du retard qui encombrera mes pensées. Être à l'heure me permet de m'oublier pour être juste présent à ce qui se passe. Par leur simplicité, les règles de la méditation remplissent cette même fonction. Et leur force est d'être très simples.

En quoi consistent-elles ?

La première règle est d'être présent à son souffle. C'est presque idiot, aurais-je envie de dire ! De toute manière, nous respirons sans avoir besoin de consignes quant à l'inspire et l'expire ! Et nous respirons d'autant mieux que nous n'y pensons pas, que nous ne nous torturons pas à appliquer « la » bonne méthode de « respiration consciente ». Être présent à la manière dont nous respirons naturellement, et non pas à travers un exercice artificiel, est le premier pas, un pas essentiel pour se resynchroniser avec la vie en soi. Pour redevenir un avec la vie. Là, vraiment, il n'y a rien de sorcier…

Le deuxième pas, qui lui est concomitant, consiste à être ouvert à tout ce qui est là, dans la situation. Ici non plus, il n'y a pas à se forcer ni à obéir : de toute manière, j'entends, je vois, je sens, je pense. Il suffit donc de respirer, d'entendre, de voir, de sentir. D'être présent. La difficulté réside dans cette simplicité, tellement élémentaire que nous avons du mal à l'appréhender. Tellement élastique que nous sommes perplexes face à la

Foutez-vous la paix !

liberté qui nous est donnée de la vivre, dans un rapport détendu avec elle, un rapport naturel qui n'est pas un carcan mais une expérience tangible. Je suis alors juste ouvert à ce qui est. La règle ici me permet de restreindre le champ de mon attention et d'être ainsi plus aisément présent.

En m'introduisant à la pratique, Francisco Varela m'avait donné ce premier conseil, une image que je n'ai jamais oubliée : vous êtes dans un laboratoire, derrière un microscope ; observez avec curiosité tout ce qui se passe. Vous n'avez rien à réussir, juste à scruter. La règle, c'est le microscope. Une possibilité de poser notre attention. Je reste immobile, je suis présent à ma respiration. Mais ce qui importe, c'est ce à quoi tout cela m'ouvre, moment après moment.

En ce sens, méditer est un acte radical : je me fous la paix et je me libère des règles qui surgissent en moi, en particulier de celles que je m'impose, la plupart du temps sans que personne ne me demande quoi que ce soit. Il ne s'agit pas d'un exercice, il n'y a ni défis ni instructions, il n'y a pas de réussite ni d'échec. Il n'y a que ce quart d'heure, cette demi-heure ou même parfois plus, pendant lesquels, au milieu de toutes les obligations du quotidien, je pars à l'aventure. Je cesse de vouloir méditer, je cesse d'obéir, je ne fais rien. L'ensemble de ma journée acquiert une nouvelle saveur…

Cessez d'obéir

Faire confiance à son intelligence est une expérience profonde à côté de laquelle nous passons trop souvent, en refusant d'accorder la moindre confiance à ce que nous ressentons. Méditer m'aide à réveiller ces antennes que j'ai en moi et qui ne demandent qu'à se déployer. Pour peu que j'accepte de ne pas savoir à l'avance ce qui va advenir, de m'ouvrir à l'imprévu et à l'intelligence qui jaillira en moi. Pour peu que je me foute la paix...

Cet apprentissage-là n'est jamais définitif, parce qu'on se trompe sur la liberté : nous ne serons, quoi que l'on fasse, jamais ni tout à fait libres, ni tout à fait dans la servitude. Nous sommes tous sur le chemin de la liberté, et ce chemin-là est exaltant. C'est le chemin que je suis depuis des années.

Même si j'ai grandi, je reste parfois le petit garçon à qui l'on demandait de construire un château de sable et qui n'avait su construire qu'un château de sable...

3

CESSEZ D'ÊTRE SAGE
Soyez enthousiaste

> *La sagesse est quelque chose de froid et, dans cette mesure, de stupide. […] La sagesse ne fait que te dissimuler la vie.*
>
> Ludwig Wittgenstein,
> *Remarques mêlées*

Nous avons une idée fantasmagorique, et assez infantile, de la sagesse. Nous la voyons comme une eau magique dont il suffirait d'asperger notre quotidien pour que se dissolvent tous nos problèmes, toutes nos difficultés. Pour que nous les traversions sans encombre et qu'un bonheur fait de quiétude s'offre à nous, vingt-quatre heures sur vingt-quatre. La sagesse serait une sorte de panacée qu'il nous faut absolument acquérir, au même titre que ces produits de consommation jetables que nous achetons en un clic sur Internet.

Nous regardons les grands sages avec envie... et nous voulons devenir comme eux. Très vite,

Foutez-vous la paix!

évidemment. Nous refusons d'entendre que la sagesse est un cheminement, nous n'avons pas le temps de nous mettre en route. Nous voulons être Nelson Mandela ou le Dalaï-lama – tout de suite ! Mais il y a là un grand malentendu : cette vénérable sagesse, aucun livre, aucun cours, aucune séance de méditation ni de yoga ne nous la procurera. Elle est le fruit d'expériences, d'efforts, d'épreuves et aussi de souffrances et de tourments, le fruit des vingt-sept ans passés par Mandela à l'isolement en prison, dans l'Afrique du Sud de l'apartheid, le fruit de l'exil du Dalaï-lama et de ses luttes pour son peuple tibétain.

On nous trompe en omettant de dire que la sagesse est un chemin et non un but. Un difficile chemin… dont nous ne voulons surtout pas nous encombrer à l'ère de la facilité. Le découragement en prime. Malgré les conseils « faciles » qui nous sont partout prodigués, malgré nos efforts réels pour les suivre, nous restons colériques, impatients, fragiles, vulnérables. Nous en nourrissons une profonde culpabilité, signe de notre échec à être à la hauteur de cet idéal absurde que l'on nous tend… Une incroyable confusion nous empêche de comprendre ce qu'est un vrai sage.

L'origine de cette confusion est très ancienne. Elle remonte aux sources de notre philosophie, c'est-à-dire à l'épicurisme et au stoïcisme, deux écoles de pensée développées en Grèce, au IVe siècle avant notre ère – après l'âge ouvert par Héraclite, Socrate, Platon et Aristote. Ces écoles ont traditionnellement été opposées l'une à l'autre, leurs objectifs étaient cependant identiques : permettre à chacun d'acquérir la sagesse pour accéder à la sérénité, à la tranquillité de l'âme, et donc au bonheur. Les chemins qu'elles proposent sont finalement fort semblables : vaincre les passions, qu'il s'agisse des peurs, des désirs, des colères ou des envies qui troublent l'âme, être indifférent aux douleurs, aux problèmes et même à la mort. Voilà l'idéal selon eux – idéal qui est resté, à travers les siècles, celui que caresse l'Occident : un état dans lequel les problèmes glisseraient sur nous sans jamais nous atteindre. Être sage serait revêtir cette sorte de cape intégrale imperméabilisante qui nous prémunirait des malheurs. Suprême indifférence à tout.

C'est à travers ce prisme déformant que nous avons regardé toutes les autres sagesses, y compris celles d'Orient, notamment le bouddhisme. Celui-ci a attiré les Occidentaux par sa promesse de « calmer les désirs » afin d'accéder au nirvana, un mot entré dans notre vocabulaire courant pour désigner un état de béatitude parfaite, mais qui en réalité correspond à « l'anéantissement progressif de l'individu, à son retour à l'inorganique, à la mort », selon la définition qu'en donne le *Dictionnaire général des sciences humaines* de Georges Thinès et Agnès Lempereur[1]. Au fond, nous

---

1. Éditions Universitaires, 1975.

Foutez-vous la paix !

n'avons conservé de la voie du Bouddha que cette promesse édulcorée qui tient certes de l'épicurisme mais aucunement de l'enseignement du Bouddha.

Cet idéal de l'insensibilité est un scandale ! Il est le contraire de la vraie sagesse. Le Bouddha, le Christ ou Nelson Mandela en ont été de sublimes contre-exemples. Ils n'étaient pas lisses, ces héros de la sagesse ! Ils ont bousculé leur univers ordonné, ils se sont mis en colère, ils ont pleuré, ils ont dit non, ils ont réfléchi concrètement aux problèmes du quotidien et aux solutions à leur trouver. Ils ont soulevé des foules, ont claqué des portes, ils ont porté des jugements et cherché à changer la société, chacun à sa manière. Ils n'ont pas enduré sans réagir, ils n'ont pas été doloristes, ils n'ont jamais cherché l'ataraxie parce qu'ils en voyaient l'absurdité. Ils ont été aux antipodes de la vision passive de la sagesse, héritée des épicuriens et des stoïciens. Ils n'étaient pas sages !

Arrêtons de nous sentir toujours en faute, toujours inadéquats ! L'idéal de sagesse nous ronge : à côté de ce rêve d'impassibilité, nous nous voyons minables avec nos soucis, nos petites angoisses... Eh bien, non ! Il faut partir de ce que nous sommes. C'est cela la vraie sagesse ! Commençons par dire non à ces injonctions fausses et destructrices. Assumons nos envies, nos ras-le-bol, nos énervements, tapons du pied dans la fourmilière quand cela nous paraît nécessaire. Soyons des disciples de Cioran quand il lance : « Il faut prendre exemple non pas sur les sages, mais sur les enfants. Quand on est malheureux, il faut se rouler par terre. Un être humain qui ne peut pas se rouler par terre parce qu'il souffre n'est pas un vrai être humain. » Et engageons-nous.

J'ai beaucoup de tendresse pour Ludwig Wittgenstein, un philosophe peu connu – parce qu'il ne va pas dans le sens de notre idéal de sagesse et de bien-être, et qu'il n'endosse pas le discours savant abscons des spécialistes. Wittgenstein est né en 1889 dans une grande et riche famille autrichienne, parmi les plus respectées de Vienne. Brahms et Mahler venaient jouer du piano dans les salons de l'hôtel particulier de sa famille, et Klimt avait peint le portrait de sa sœur Margaret. Lui-même, après avoir renoncé à toute sa fortune, s'était établi en Angleterre. Il enseignait la philosophie à Cambridge et dialoguait avec les esprits les plus fins de son époque. Un jour, il décide de tout abandonner et de s'exiler en Norvège.

Son mentor, Bertrand Russell, raconte une discussion qu'il eut alors avec lui : « Je lui ai dit qu'il ferait sombre, il m'a dit qu'il détestait la lumière. Je lui ai dit qu'il serait seul, il m'a dit qu'il prostituait son esprit en parlant avec des gens intelligents. Je lui ai dit qu'il était fou, il m'a dit : Dieu me garde de la santé mentale. » Dans ses journaux, Wittgenstein exprime son ras-le-bol de la sagesse telle qu'elle est entendue en Occident, de l'hypocrisie universitaire, de la froideur des débats

Foutez-vous la paix !

intellectuels, déconnectés du bouillonnement et de la chaleur de la réalité. Il raconte ses rencontres avec les gens simples, ceux qui vivent réellement la bienveillance, l'amour, le souci d'une parole juste, d'authentiques sages qui ne se protègent pas artificiellement dans une forteresse intérieure aux antipodes de la vraie vie, mais qui cherchent au contraire à la rejoindre.

J'oppose la sagesse telle que nous l'entendons, effrayante à force d'être lisse, à l'enthousiasme qui seul, par l'ardeur qu'il contient, guérit et change le monde. Il nous permet de quitter notre zone de confort, à sortir de nous-mêmes pour aller vers quelque chose de plus grand. « Tout ce que nous connaissons de grand nous vient des nerveux (on dirait aujourd'hui des angoissés, *nda*), écrit Marcel Proust. Ce sont eux et non pas d'autres qui ont fondé les religions et composé les chefs-d'œuvre. Jamais le monde ne saura tout ce qu'il leur doit ni tout ce qu'ils ont souffert pour le lui donner. Nous goûtons les fines musiques, les beaux tableaux, mille délicatesses, mais nous ne savons pas ce qu'elles ont coûté à ceux qui les inventèrent d'insomnies, de pleurs, de rires spasmodiques, d'urticaires, d'asthmes, d'épilepsies. » Et voilà que nous l'avons oublié, opposant bêtement les combats que nous avons tous à vivre avec la « pureté » d'une pseudo-spiritualité tiède, éthérée et en réalité morbide.

Cessez d'être sage

L'enthousiasme, je le reconnais, c'est aussi les débordements. Et c'est formidable ! C'est le Bouddha qui se fiche des conventions, s'enfuit du confort de son palais pour rejoindre un groupe d'ascètes, quitte ce groupe après lui avoir dit ses quatre vérités puis ébranle tout l'ordonnancement social de son temps en refusant le système des castes et les privilèges des brahmanes. Scandale ! C'est Jésus qui renverse les tables des marchands du Temple, un geste insensé dans le lieu le plus sacré du judaïsme de son temps. Sacrilège ! C'est Mandela qui prend les armes, encourage à la révolution contre l'ineptie de l'apartheid sud-africain. Infamie ! Ce sont les sages et les grands maîtres qui s'adressent aux foules à la manière de Socrate, qui choquent les bonnes gens, ou tel Diogène dormant dans une jarre et répondant au grand Alexandre venu lui rendre visite pour lui demander ce qu'il désirait, qui lui rétorque : « Ôte-toi de mon soleil. »

Il y a une forme de provocation dans la vraie sagesse, parce qu'elle se confronte à ce qu'on ne veut pas voir quand on aborde ce sujet-là : le travail, l'argent, la violence, la sexualité, les difficultés. La vie, en somme, c'est-à-dire tout ce qui fait notre quotidien. Mais quels autres sujets mériteraient de mobiliser les sagesses et les philosophies de toutes les latitudes et de tous les temps ? Le pseudo-sage entre dans sa forteresse intérieure, lisse et douillette, et rien ne semble l'atteindre. Il

Foutez-vous la paix !

diffuse auprès de ses disciples cette injonction de Baudelaire : « Sois sage, ô ma douleur, et tiens-toi plus tranquille. » Les vrais héros ne font pas rimer sagesse et quiétude. Ils ne cherchent pas à transcender le monde, mais ils l'épousent. Que diraient le Bouddha, Jésus ou Socrate face aux sages naïfs et désincarnés d'aujourd'hui, plus occupés à prier, méditer et prodiguer des conseils édulcorés qu'à nous libérer de la violence sous toutes ses formes et à dénoncer la dictature de la rentabilité ?

Je suis fatigué qu'on me demande sans cesse, parce que je suis engagé dans la méditation : « Comment être zen ? » Comme si cette question avait un sens ! Pourquoi ne me demande-t-on pas : « Comment être un peu plus vivant ? » Car tel est justement le défi. Notre défi. L'enthousiaste est appelé par le monde. Il sait qu'il prendra des coups, qu'il s'énervera, qu'il ripostera, qu'il aura des colères justes et parfois injustes, mais qu'importe, il est prêt à retrousser ses manches pour avancer. Il y a plus de vérité dans ses émotions que chez tous les maîtres qui arborent une mine impassible, considérant sans doute qu'elle participe de leur caricaturale dignité.

Je suis horrifié par la sagesse telle qu'elle nous est présentée, y compris dans les médias grand public : un moyen validé scientifiquement pour nous aider à nous réfugier dans une petite zone de confort. Mais la sagesse n'est, en cela, qu'une forme de consumérisme. Au lieu d'acheter tel ou tel article au supermarché, je vais me procurer de la sagesse. Comme si elle était à l'extérieur de nous. Je vais acheter ceci ou cela pour me sentir bien, mais une fois que j'ai acheté le produit, je ne suis pas du tout comblé, j'ai immédiatement besoin d'autre chose. D'un autre produit qui m'est aussitôt proposé. Cette imposture nous rend toujours plus dépendants et nous donne l'illusion de n'être pas à la hauteur, voire d'être des incapables ! N'est-ce pas, du reste, le ressort du consumérisme ?

Foutez-vous la paix, et vous découvrirez que la sagesse est déjà là, en vous. S'il vous plaît, arrêtez de vous torturer avec cette quête impossible : la sagesse n'est pas un Graal inatteignable, elle habite seulement dans l'ici et le maintenant, elle est en chacun de nous. Être sage n'implique pas de nier ce que je suis pour atteindre une perfection qui n'existe pas, mais consiste à m'ouvrir à ce que je suis, imparfait comme je le suis, comme nous le sommes tous.

Arrêtez de méditer si vous le faites pour apprendre à lâcher prise, selon cette autre injonction à la mode : vous n'y parviendrez pas. Méditer, ce n'est pas se calmer, c'est entrer en rapport à votre propre vie.

Ce n'est pas prendre ses distances avec l'ici-bas, ce n'est pas détourner la tête de notre quotidien mais, au contraire, c'est prendre à bras-le-corps tout ce qui fait notre existence, y compris le sexe, l'argent, le travail, les emmerdes et les joies.

La vraie sagesse ne consiste pas à enfouir ses émotions, ni non plus à les exposer. Elle implique d'entrer en rapport avec elles, de les écouter, de reconnaître ce qu'elles disent pour déterminer le vrai du faux. Il m'arrive d'être en colère, par exemple quand je vois de nouvelles publications, émissions de radio ou de télé qui présentent la méditation comme une méthode pour rendre encore plus efficace, calme et performant. Quand il est ajouté que ce fait est prouvé, qu'elle augmente la productivité des travailleurs qui s'y engagent, mon sang ne fait alors qu'un tour. Tout en moi se crispe. C'est juste honteux !

Je ne connais pas de meilleur moyen pour se libérer d'un symptôme que de le prendre à pleines mains. D'aller jusqu'au bout de sa phobie, de son anxiété, de leur faire face, même et surtout si elles nous font peur. Je suis en colère ? J'oublie l'injonction du lâcher-prise qui est en elle-même le contraire du lâcher-prise. Je ne lâche pas prise, je me fous la paix ! Je ne fais rien, je *laisse* être ce qui se passe sans le réprimer. Je ne juge pas ma colère, je ne la commente pas, je ne l'autorise pas, je ne l'interdis pas non plus : je prends le risque d'en faire l'épreuve.

Je la goûte même si elle me blesse. L'apaisement vient alors souvent, mais il n'est pas le calme que l'on veut nous imposer en étouffant artificiellement ce que nous sommes en train de vivre.

Tel est le fondement même de la méditation : elle n'est ni une tisane ni une pilule magique, mais un travail réel avec la douleur, la confusion, les émotions. Elle nous enseigne à les observer comme elles sont, à la manière d'un médecin auscultant ses propres plaies. À rencontrer tout ce qui nous empêche de nous foutre réellement la paix, à dire bonjour à ce qui est blessé en nous, à dire bonjour à la vie en soi. J'en apprendrai ainsi beaucoup plus sur moi-même. J'irai sur la voie de l'apaisement, naturellement et beaucoup plus loin que par une obéissance aveugle à l'injonction de l'évitement propre à la sagesse héritée des stoïciens et des épicuriens.

Une forme de paix sera au bout de ce cheminement. Mais à la condition que je ne fasse pas de ce cheminement un nouveau moyen de me brutaliser ! Car c'est bien là le nœud de l'histoire. Au nom de la sagesse, nous ne faisons en général que nous torturer et devenir de plus en plus inauthentique. Ne réussissant évidemment pas à être lisse et calme, détaché et impassible, nous faisons semblant. En réalité, il n'y a d'autre voie que l'acceptation de la confusion, de la désorientation.

Une parabole des Évangiles rapporte l'histoire d'un esprit impur (je pourrais l'appeler l'angoisse ou la colère) qui sort d'un homme et s'en va chercher le repos dans des lieux arides. Il n'en trouve

Foutez-vous la paix !

pas, revient dans la maison de cet homme qu'il trouve vide et balayée (par ce qui pourrait être les injonctions de la sagesse). « L'esprit s'en va, et il prend avec lui sept autres esprits, plus méchants que lui. Ils entrent dans la maison, s'y établissent, et la dernière condition de cet homme est pire que la première. » (Matthieu 12, 43-45.)

Magnifique parabole ! Si, voulant être calme, je chasse ma colère, mon angoisse, sans les avoir d'abord rencontrées pour faire la paix avec elles, elles reviendront encore plus terribles, quelles que soient les précautions que je prenne pour les éloigner. La sagesse telle que nous l'entendons alors n'est qu'un pansement qui protège peut-être superficiellement, mais qui ne combat certainement pas l'infection. Au contraire… On essaie de tout contrôler, on donne le change mais, un jour, on s'écroule !

Par ailleurs, et quoi qu'en dise la doxa, toutes les colères ne sont pas aveugles ! Il existe des colères justes, et ce sont celles-ci que la méditation apprend à discerner… et à laisser s'exprimer. Gandhi soulignait qu'il ne fallait surtout pas avoir honte de notre colère. Elle est, disait-il, une énergie profonde pour nous dépasser. Ce dont nous devrions avoir honte, en revanche, c'est de notre manière d'en mésuser faute de la comprendre.

Au fond, c'est aussi ma colère qui me donne la force d'enseigner, d'écrire, d'être autrement au service de quelque chose de plus grand que soi.

Cessez d'être sage

Sans doute ma colère n'est-elle qu'une goutte d'eau dans l'océan, mais on connaît la légende du colibri qui transporte dans son bec une minuscule goutte d'eau pour éteindre un feu de forêt : « Je fais ma part », répond-il à ceux qui se moquent de lui. Il est souvent plus sage d'oser dénoncer que de se retirer avec prudence dans sa confortable coquille.

L'injonction partout présente à devenir sages nous rend complètement aveugles à la souffrance du monde, à l'enfermement qui le guette, à tout ce qui ne tourne plus rond sur notre planète. Elle nous fait oublier le présent pour aspirer à un apaisement lointain. Elle nous interdit de nous relier à l'ici et au maintenant, elle nous fait atteler la charrue avant les bœufs : à quel apaisement authentique puis-je aspirer si j'ai oublié de vivre pour me calfeutrer dans ma tour d'ivoire ?

Foutez-vous la paix et libérez l'enthousiasme en vous, sans jamais en avoir honte : il est la preuve que vous êtes vivant !

4

Cessez d'être calme
Soyez en paix

> *Qu'est-ce qui est plus difficile : retenir un cheval ou le laisser courir et, puisque c'est nous, le cheval que nous retenons – des deux le plus pénible : être retenu ou laisser jouer notre force ? Respirer ou ne pas respirer.*
>
> Marina Tsvetaïeva, *Mon frère féminin*

Être calme en toutes circonstances : quel étrange leitmotiv ! Rester calme, sous-entendu se contrôler et ne jamais exprimer trop vivement sa colère ou son chagrin, sa joie ou ses envies.

Être calme semble une promesse formidable, mais cette injonction cache en vérité un des visages de la barbarie de notre temps. Un temps qui nous interdit d'être ce que nous sommes pour nous transformer en moutons uniformes. Calmes. Nous en sommes intoxiqués ! « Se calmer » à tout prix, quitte à se faire du mal, est notre nouveau mantra. Nous occultons le fait que seul est figé dans le calme absolu ce qui est mort. Ce calme que l'on nous vante est aux antipodes de la vie.

Lors d'une journée d'enseignement de la méditation, j'insistais de nouveau sur l'absurdité de cette injonction. L'une des participantes a réagi : « Moi, j'ai besoin d'être calme pour pouvoir me retrouver et prendre une décision, m'a-t-elle dit. Je médite pour être calme et je ne vois pas où est le problème. » Je lui ai proposé de revenir au sens véritable des mots que nous utilisons. « Calme », nous dit le dictionnaire, vient de l'occitan *calma*. Ce terme maritime désigne l'absence de vent qui contraignait autrefois les marins à l'inactivité, c'est-à-dire au chômage. Quand la mer est calme, il est impossible d'avancer ! Le calme est l'absence de mouvements, l'immobilité statique.

Évidemment que j'aime et apprécie les moments où je me sens en harmonie avec l'ordre du monde, pendant lesquels le temps semble enfin suspendu. Bien sûr que je me réjouis de ce sentiment de plénitude et d'apaisement, et je me réjouis d'autant plus s'il se prolonge. Mais je sais aussi qu'un « calme-toi » ne calme jamais quiconque. Ce sentiment dont je veux parler n'est pas une injonction ; il nous arrive de surcroît, comme un don. Il se gagne.

Ce sentiment, je l'appelle paix. « Paix », nous dit encore le dictionnaire, est issu de la vieille racine indo-européenne *pehg* que l'on retrouve dans le latin *pax* mais surtout dans le verbe *pango* et dans le grec *pégnumi* et qui signifie réparer, ajuster et travailler. La paix implique un effort pour que tout soit rassemblé avec justesse. Soit l'inverse exact du mot « calme ». Pacifier n'a donc rien à voir avec calmer. En ce sens, la méditation pacifie, mais elle ne calme pas. Heureusement !

Le sentiment de paix ne correspond nullement à l'idéal lisse et parfait véhiculé en Occident depuis l'époque d'Épicure et des stoïciens, il n'est pas ce calme reposant sur une vision étroite, éteinte, terne et donc fausse de la vie. La paix n'implique pas de se prémunir du tumulte des émotions, de la vie, des vagues et même des roulis ; au contraire, elle les intègre dans son amplitude. Elle n'est pas bousculée par de petites agressions – rater son train ou un rendez-vous, tomber malade au mauvais moment, ne pas recevoir la lettre attendue avec impatience. Elle n'est pas l'absence de troubles, mais la capacité d'entrer en rapport, avec patience et douceur, avec l'ensemble de la réalité, y compris avec sa propre rage, avec son chagrin dont on reconnaît ainsi l'existence au lieu de les nier. Je n'étouffe pas ce chagrin, je ne l'escamote pas, ce qui serait d'une incroyable violence, je ne le juge pas non plus, mais je suis simplement présent à lui. Je ne me donne pas l'ordre de me calmer. Je me fous la paix ! Je ne rajoute rien à l'expérience que je vis.

Foutez-vous la paix !

Je sais que mon discours scandalise à l'heure où l'expression des émotions, pour peu qu'elle soit légèrement vivace, est devenue notre nouveau tabou. À l'heure où l'injonction sociale nous intime d'être un rouage dans une machine, parfaitement calmes, complètement lisses, pleinement efficaces, souriants, sans émotions ni problèmes, toujours performants, du matin jusqu'au soir. Entendons-nous : je connais les règles du jeu social, je n'ignore pas que ceux qui refusent d'être ce rouage, qui assument et brandissent leurs particularités, finissent souvent par être éjectés de la machine. Jouons donc un peu à ce jeu... mais en ayant conscience que ce n'est qu'un jeu, souvent d'une grande violence. Supportons-le sans perdre de vue qu'il n'est pas juste, mais atrophiant. Assumons de ne pas être toujours « gentils », de ne pas plaire à tout le monde, de ne pas être aimés tout le temps et par tout le monde.

Au collège puis au lycée, entre treize et dix-sept ans, je n'ai pas le souvenir d'avoir jamais parlé à l'un de mes camarades de classe. Je ne comprenais pas leurs jeux. Une fois, le professeur de gymnastique (ma terreur !) a exigé que je joue au ballon avec les autres. Il m'a placé à l'arrière, ce qui m'a au départ satisfait, vu que tous les autres jouaient de l'autre côté du terrain. Mais, brusquement, ils ont tous couru dans ma direction et m'ont lancé le ballon. J'étais terrifié. Paralysé. Le ballon m'a frappé au visage. Mes lunettes sont tombées. J'avais envie de pleurer. J'avais l'air idiot.

J'ai beaucoup souffert de ses moments, de ses situations où j'apparaissais « bizarre » – c'est ainsi que l'on me qualifiait. J'ai fini par accepter d'être « bizarre », et c'est alors que j'ai commencé à tisser des liens plus chaleureux avec les autres.

Encore aujourd'hui, dans nombre de situations sociales, je ne me sens pas du tout à l'aise. Par exemple, quand je me rends à un mariage – ce que j'évite autant que possible. Je n'aime pas être placé à table à côté de personnes auxquelles je n'ai pas grand-chose à dire. Je n'aime pas le moment où il nous faut tous lever les mains, chanter en chœur, se prendre dans les bras. Ces situations me crispent, mais j'ai fini par les accepter. Par accepter de m'entendre dire : « Comme tu es sérieux ! » Oui, je suis sérieux ! Tant pis si cela ne plaît pas...

Cessons de culpabiliser parce que nous ne réussissons pas à toujours montrer une façade lisse et socialement adaptée – la façade d'un idéal robotisé. Gardons toujours à l'esprit que l'harmonie parfaite, la mer sans rides à laquelle nous prétendons, est un non-sens dont le corollaire est la disparition de toute vie. « Il est dangereux de prêcher l'humilité aux âmes faibles. C'est les éloigner encore plus d'elles-mêmes. Un individu figé, replié sur lui-même, ne peut prendre conscience de sa destinée que dans la révolte », écrivait l'écrivain et poète René Daumal, figure de proue du mouvement

Foutez-vous la paix !

du Grand Jeu qui, dans la première moitié du XXe siècle, a cherché à mener une véritable révolution spirituelle et métaphysique.

Nous n'osons plus dire « non » ni exprimer un avis divergent, de crainte d'avoir tort… et de faire des vagues. Nous refoulons le « non » au lieu de chercher à l'expliciter, pour aller de l'avant. Nous coupons court aux discussions, si celles-ci s'enflamment, par un « calmons-nous » de mauvais aloi qui signifie plutôt « taisez-vous ». Au nom de cet idéal de calme, nous laissons l'absurdité prendre le dessus, les plaies s'envenimer, le malaise s'installer, les mensonges dominer. À force de nous censurer, de nous étouffer, nous devenons des cocottes-minute qui implosent dans un burn-out silencieux. Nous fuyons la crise, alors que celle-ci est souvent porteuse de salutaires remises en question.

Jouons le jeu, mais ne nous réfugions pas dans notre bulle : nous n'en avons pas le droit en ce siècle pris dans trop de souffrances et d'horreurs. On me demande souvent si, en tant que pratiquant de longue date de la méditation, je suis heureux – sous-entendu, si j'ai atteint un état de calme que nous associons au bonheur. Ma réponse est invariable : telle n'est pas ma question. Je n'ai pas décidé de méditer pour me mettre à l'abri du monde, mais au contraire pour mieux m'intégrer au monde. Je n'ai pas commencé à méditer pour me couper de la souffrance, de ses problèmes et de ses tracas, mais pour mieux entrer dans la danse de la réalité. Je ne recherche pas le confort d'un calme spirituel égoïste où je serais du côté du bien, du bon, et d'où je jetterais un regard compatissant sur les autres. Cette tentation-là, qui existe dans toutes les traditions religieuses, spirituelles et philosophiques, me semble juste nous égarer. Il existe une vraie sagesse, bien différente de l'usage frelaté que l'on nous tend en miroir... Elle donne certes un bonheur profond, mais d'un tout autre type que notre idée convenue du bonheur.

La méditation est partout présentée comme le remède ultime pour se calmer. Je vais le dire sans détour : je n'essaye pas de me calmer en méditant. Je n'essaye même pas, quand je suis assis sur mon coussin, de me détendre : quand je pratique, ces idées me sont étrangères. Je me contente de bien me poser sur terre, de bien sentir le contact du sol, d'être présent à tout ce qui advient, y compris aux tornades quand elles se réveillent en moi. Je ne porte aucun jugement sur les pensées que je devrais avoir. Je ne me terrorise pas par des injonctions, quelles qu'elles soient. Je ne m'imagine pas pénétrant dans un refuge où m'attend la sérénité. Je ne la recherche d'ailleurs pas. Je ne recherche rien. Je suis là, assis, juste attentif : à une abeille qui bourdonne, à une voiture qui klaxonne, à mon corps, à mon être, à mes tensions si je suis tendu.

Foutez-vous la paix !

Au début, le renversement des schémas habituels semble radical, nous avons le sentiment de n'avoir plus aucun point de repère. Nous n'avons pas l'habitude de n'avoir strictement rien à faire pour que quelque chose advienne. Et c'est une chose énorme qui advient : la vie.

Mais quelle merveille de redevenir simplement un être vivant !

L'objectif de la méditation est de nous faire rentrer en rapport avec la réalité telle qu'elle est, donc de nous foutre la paix pour pouvoir accepter de vivre ce que nous vivons, comme nous le vivons. Calmement ou pas, peu importe. Par le seul fait d'être présent, je me synchronise avec ce qui est. Je ne me crispe pas sur mon cheval : je suis son mouvement et j'essaie de l'accompagner. Je ne regarde pas défiler mes pensées en attendant que la dernière s'en aille, je ne cherche pas à faire le vide en moi ni autour de moi. Je suis là, c'est tout. L'expérience de paix advient de surcroît – précisément parce que je ne rejette pas le vent quand il se lève. Vouloir être calme, c'est ne jamais pouvoir être en paix.

Parce qu'elle s'autorise des vagues, la méditation ne m'écrase pas, elle ne m'asphyxie pas. Parce qu'elle admet le tumulte, elle est sereine. Je suis dans une ouverture envers tout ce qui se produit, en toute liberté. Je peux être triste, je peux être malheureux ou ému, je peux verser des larmes, mais je suis profondément apaisé. Je n'ai pas besoin d'être calme pour accéder à cet état : il me suffit de me foutre réellement la paix. Si je me fous la paix, je suis forcément plus tolérant à l'égard de toutes les agressions, je ne les perçois plus comme des agressions mais comme des vagues et, au-delà de ces vagues, ce que je vois, c'est l'océan.

On m'interroge souvent sur le meilleur moyen de pratiquer – autrement dit, en langage contemporain, sur le « process » qui serait le plus efficace. Je réponds toujours par une anecdote personnelle. À l'école, j'étais un très mauvais élève dans toutes les matières, sauf pendant mon année de quatrième, en histoire-géographie. Pour une raison très simple : j'avais un enseignant, d'une humanité formidable, René Khawam. Il me touchait et je comprenais ce qu'il disait. Il n'avait pas une meilleure technique de cours qu'un autre professeur, mais pour moi il était inspirant parce qu'il était tellement enthousiaste, tellement vrai ! Du coup, je travaillais sa matière avec passion...

Eh bien, avec la méditation, c'est pareil. Le meilleur moyen de pratiquer est celui qui nous parle. Celui qui, grâce à une transmission adéquate, nous relie à notre humanité, mais aussi, dans le même mouvement, à l'humanité tout entière. Qui nous donne envie de recommencer, de continuer, d'aller plus loin sur le chemin.

Foutez-vous la paix !

J'ai du respect pour les différentes approches de la méditation. Mais j'ai compris, d'expérience, que les formes les plus simples sont celles qui conviennent le mieux à notre psyché d'Occidentaux, différente de la psyché que forge l'Orient. Les protocoles, les encens, les statuettes incommodent la plupart d'entre nous qui voient se profiler, derrière eux, le poids des dogmes et des religions. Cela complique ce qui doit rester simple.

Nous avons par ailleurs besoin de comprendre ce que nous faisons, ce qu'est la méditation, ce qu'elle nous demande – c'est ici que réside la vraie rationalité de la pratique. Impossible de nous contenter de répéter aveuglément un exercice.

Par souci de simplicité, de rigueur et d'ouverture, afin qu'elle m'aide réellement, j'ai fini par écarter de ma pratique et de celle que je transmets les trois approches les plus répandues de la méditation.

La première approche consiste à observer les pensées traverser son esprit, comme des nuages passant sur la cime d'une montagne. Le principe consiste à ne s'accrocher à aucune d'entre elles, à ne pas s'y attarder, mais à les laisser s'évacuer jusqu'à la dernière. Vient un moment où, dit-on, il n'y a plus de nuages pour obstruer le ciel... Cette manière de présenter la méditation ne part pas d'une mauvaise idée, mais ceux qui s'y engagent finissent par s'ennuyer beaucoup. Et pour cause, cette approche est beaucoup trop imprécise et maladroite. Elle encourage à prendre une trop grande distance avec ce que vous vivez. Elle est du coup bien trop intellectuelle. Or, l'enjeu de la pratique n'est pas d'observer, mais de faire attention de tout son être, avec tout son cœur. Ce qui est complètement différent.

Une deuxième technique propose un certain nombre d'exercices pour tenter de contrôler l'esprit. Le méditant chasse volontairement ses pensées pour faire le vide en lui. Certains pratiquants choisissent de se focaliser fortement sur une statue du Bouddha ou sur la flamme d'une bougie, un « point » de concentration à l'exclusion de tout autre. D'autres travaillent sur leur souffle de manière intense, voire agressive. Le but est ici clairement de trouver ce fameux calme, conçu comme l'absence totale de pensées et reposant sur l'évitement de tous les problèmes.

Le résultat est souvent un état paranoïaque : j'ai connu plusieurs méditants qui pratiquaient dans la terreur de ne pas réussir et assistaient, impuissants et rageurs, à l'incursion de leurs pensées pendant la séance de méditation. Au retour de rigoureuses retraites de plusieurs semaines, ils avaient perdu leur enthousiasme et leur allant. Ils avaient fini par expérimenter, dans ce cocon, un calme si poussé, si proche de l'ataraxie et de son absence de confusion, que le retour à la normalité et à ses inévitables compromis leur semblait insurmontable. Le monde leur paraissait agressif. Bien plus qu'avant leur départ ! La recherche du calme les avait privés de toute paix réelle. Ils vivaient dans l'inquiétude de perdre ce qu'ils avaient réussi à rencontrer.

Enfin, il existe une troisième approche, plus religieuse, dans laquelle la méditation consiste à se fondre dans le divin. Personnellement, je pratique pour m'ancrer plus solidement dans le moment présent. Pas pour m'envoler au ciel...

L'approche que je privilégie et que j'enseigne depuis des années est toute simple. Ne rien vouloir. Ne rien rechercher. Développer une attitude de *pleine présence* à ce qui est, y compris les pensées, intégrées telles qu'elles sont dans l'amplitude de la présence. Autrement dit, parlons à l'enfant en nous et demandons-lui de laisser tomber tout objectif. Pendant des années, et quoique je fasse, j'ai vu de nouveaux pratiquants se tendre avec le sentiment de ne pas y arriver. Je leur répétais en vain qu'il n'y avait rien à réussir, je n'étais pas entendu. J'ai opté un jour pour le : « Foutez-vous la paix ! » Ce jour-là, enfin, ils ont commencé à méditer et à découvrir le sens réel de la paix.

Une image me permet de mieux expliciter ce point : je compare les pensées, les sons, les sensations, à des vagues plus ou moins hautes à la surface de l'océan ; or, aussi hautes soient-elles, les vagues n'empêchent pas de voir l'océan ni d'en ressentir la profondeur. De ce point de vue, être en paix ne signifie pas fuir volontairement, activement, la confusion ni le tumulte. Je peux être triste, je peux pleurer, me rouler par terre de chagrin : après tout, cela n'est pas si grave, ça passera. Je ne suis pas identifié à mon chagrin, je ne suis pas uniquement ce chagrin, je suis bien plus que ce chagrin. Je peux donc le vivre, je n'ai pas besoin de le contrôler, de le rejeter ; il a même sa place dans ma méditation. À force de regarder l'océan, je cesse de distinguer les vagues. Je n'ai pas cherché à me calmer, mais à m'apaiser. Je me découvre désencombré...

Qu'est-ce que la paix ? Au début du XXe siècle, Silouane, un pauvre paysan russe, s'en était allé chercher Dieu dans la retraite d'un monastère du mont Athos, en Grèce. Il était un ardent ascète, les visiteurs venaient de loin pour le rencontrer, il avait été désigné *starets*, c'est-à-dire patriarche de son monastère. Le père Silouane était partout cité en exemple mais, au fond de lui, il était profondément désespéré. Un jour, alors qu'il était plongé dans ses prières, il entend le Christ lui dire : « Laisse ton âme en enfer mais ne désespère pas. » Cette parole est l'exact contre-pied de ce que nous recherchons aujourd'hui en consommant frénétiquement séances de méditation, cours de yoga et livres traitant de bien-être ou de développement personnel. Elle met à bas notre modèle de « calme » en tant que dimension confortable et protectrice – une dimension dans laquelle réside une totale mécompréhension de ce que vivent réellement les grands êtres spirituels. Même dans son refuge du mont Athos, le plus grand ascète n'est pas à l'abri des émotions. Bien plus, c'est au milieu de la souffrance, voire de l'enfer, que peut éclore la sérénité.

La vraie paix est celle que l'on découvre parfois au cœur même de l'angoisse ; ce n'est pas une paix isolée des émotions, des passions, d'une certaine insécurité. La paix ne découle pas d'un contrôle absolu de ce que l'on est, mais d'une transmutation des aléas de la réalité. Je donne souvent l'exemple d'un enfant malade, fiévreux, endolori. Il geint, sa mère vient à ses côtés, elle lui tient la main. Elle l'aime. La souffrance de l'enfant ne disparaît pas, mais elle se transforme ; il a mal, mais il est aimé, soutenu. Son espace s'ouvre à autre chose que la maladie, une chose encore plus forte que cette maladie. La maladie reste là certes, mais en même temps, elle est autre. Il se sent désormais en sécurité.

La méditation telle que je l'entends, la pratique et la transmets est une voie pour parvenir à cette transmutation. Elle n'efface pas les émotions, quelles qu'elles soient, mais elle les transmute en nous ouvrant à la bienveillance, à une forme de paix, elle nous amène à un tout autre rapport aux petits et grands bobos du quotidien. Une telle paix n'est pas l'effacement de ces bobos ni leur

Cessez d'être calme

contournement, elle est une autre manière de les percevoir, et surtout d'entrer en réaction quand ils se présentent. La méditation telle que je l'entends est la voie d'accès vers l'exaltation, la passion, l'action.

5

Cessez de vous refréner
Désirez !

Le ciel appartient aux impétueux qui ne l'attendent pas.

Lou Andréas-Salomé

Comment nous est venue cette conviction que la sagesse, la philosophie, la spiritualité (et particulièrement le bouddhisme) sont des voies qui, bien empruntées, feraient enfin de nous des êtres sans désirs, donc sans tourments ? Par quelle opération désastreuse avons-nous scindé notre univers en deux, d'un côté le bouillonnement d'Éros et de l'amour, et de l'autre la placidité d'une sagesse de plus en plus éloignée de nos vraies préoccupations ? Sans doute s'agit-il, là encore, de l'héritage des stoïciens et des épicuriens de l'antiquité grecque, comme d'un certain christianisme, qui ont édifié cette fausse dichotomie entre le calme et l'action, la passivité et la volonté…

Foutez-vous la paix !

C'est étrange, car la philosophie n'est pas une ascèse, mais une érotique. C'est Platon qui, dans son immense livre, *Le Banquet*, clame que le plus grand visage d'Éros n'est ni un bel éphèbe ni une jolie fille, mais Socrate, ce vieillard très laid, « celui qui fait le plus de bien aux hommes et inspire de l'audace ». Cet Éros-là est « loin d'être délicat et beau comme le croient la plupart, il est rude au contraire, il est dur, il va pieds nus, il est sans gîte, il couche toujours par terre, sur la dure, il dort à la belle étoile près des portes et sur les chemins [...] et le besoin l'accompagne toujours ». Il nous enflamme comme personne et nous invite à nous dépasser. Il nous fait brûler d'un désir ardent qui nous tire de la caverne décrite par Platon dans *La République*, ce lieu obscur où nous sommes enchaînés face à un mur sur lequel se projettent des ombres que nous confondons avec la réalité. Or, ces ombres ne sont pas la réalité. Éros a la puissance de briser nos chaînes et de nous sortir de notre zone de confort étriquée pour nous permettre de respirer au grand air et puis, à partir de là, de nous jeter dans la mêlée du monde.

Le bouddhisme que j'ai étudié et fréquenté n'est aucunement l'ennemi acharné du désir, il est celui du Bouddha qui a vécu jusqu'à quatre-vingts ans, mû par une immense passion de changer l'ordre du monde, d'aider tous les êtres vivants, et qui y est parvenu grâce à un activisme sans relâche. Le Bouddha a certes bâti son enseignement autour de la découverte de la nécessité d'éteindre la *trichna* en nous. Une erreur de traduction, qui a perduré, nous a amenés à entendre, par le terme sanskrit *trichna*, le désir. Or, la *trichna*, au sens littéral du terme, est la soif qui accapare. Ce « toujours plus » que l'on pourrait aujourd'hui appeler consumérisme, une avidité insatiable qui est le contraire du désir. Éteindre la *trichna* en soi n'est pas vivre comme mort. C'est, au contraire, retrouver l'allant jaillissant de la vie, c'est retrouver le sens profond du désir. Le bouddhisme n'appelle évidemment pas ses fidèles à se couper de la vie. Je ne connais qu'une religion qui le fasse : la religion du management qui voit, dans le désir propre à chaque individu, un frein à la performance. Elle nous impose son rythme et nous fait succomber à la dictature implacable de la rentabilité. Un bon employé doit vouloir ce que le marché impose. Il doit consommer selon les injonctions du marché. Produire selon les injonctions du marché…

Le désir dont je parle ici n'est pas la soif consumériste. Il n'a rien à voir avec l'envie d'une nouvelle voiture ou d'un voyage aux Caraïbes. Ce désir, mon vrai désir, reste en réalité toujours, pour une part, inconnu de moi. Il est l'élan de vie qui me porte en avant, qui me surprend souvent, me libère toujours. Il est un sentiment qui me saisit au plus profond de moi, que je ne maîtrise pas, et que pourtant je reconnais comme profondément mien quand je le rencontre. Ce désir-là me sort hors de moi et me fait découvrir le sens de mon être propre. Il implique que quelque chose de mon existence la plus profonde rayonne.

Je sais que cela surprend, mais notre véritable désir n'est pas caché dans les méandres de notre moi : je ne le débusque pas en rentrant en moi pour m'interroger et me comprendre ; au contraire, je le rencontre en m'engageant dans le monde. Désirer, c'est être appelé par quelque chose qui nous éveille...

Des chercheurs en psychologie positive ont réalisé une étude pour essayer de découvrir le vrai désir, celui qui nous meut. Ils ont demandé à des hommes et des femmes, jeunes et moins jeunes, de consigner, chaque jour, le moment où ils ont été le plus heureux et de donner une note, entre 1 et 10, au sentiment de bonheur éprouvé. Les premiers jours, les réponses étaient banales : « Chez moi devant la télévision », « dans mon bain », « pendant mon heure de shopping ». Puis elles se sont affinées et se sont révélées plus surprenantes : les notes les plus élevées étaient accordées à des activités associées au désir de relever un défi qui n'écrase pas. Pour les uns, ce fut une leçon de piano avec une partition particulièrement exigeante à exécuter. Pour d'autres, une tâche d'organisation relativement complexe, réalisée avec brio malgré les embûches. Pour d'autres encore, un engagement associatif impliquant. Tous ces moments de bonheur avaient un point commun : ils correspondaient à un désir d'accomplissement. Un désir qui nous sort de notre zone de confort pour nous faire aller plus loin, vers l'autre, vers l'ailleurs, vers ce qui est juste, vers ce qui est plus grand que notre petit moi-moi-même-et-encore-moi. Tel est le vrai sens du désir. Je ne me préoccupe plus de moi, mais de ce qui est à faire. Autrement dit, curieusement quand je suis porté par un tel désir, je me fous la paix. Je suis alors tellement passionné par ce que je fais que je m'oublie !

Le psychologue Mihály Csikszentmihályi qualifie ces expériences d'« optimales », celles autrement dit qui correspondent à « l'état maximum de l'enchantement ». Ce qui les déclenche ? « Les aspects positifs de l'expérience humaine : la joie, la créativité et le processus d'engagement total », écrit-il. Si l'on demande aux personnes qui vivent ces expériences à quoi elles pensent et ce qu'elles éprouvent, la plupart répondront : « Rien. » Libérées des fausses obligations qui nous éloignent de notre propre être, elles fusionnent avec l'objet de leur attention... Autrement dit, elles se foutent la paix !

Laissez-moi me mettre à l'écoute de ce qui m'appelle ! Laissez-moi prendre un moment pour mettre à distance les injonctions, les usages sociaux, les projets que mes parents, que mon entourage ont pour moi ! Je reconnais que j'ai eu

Foutez-vous la paix !

du mal à cesser de les suivre, sans même en être conscient. Il m'a fallu beaucoup d'entraînement pour réussir à me foutre la paix. Pour admettre que j'ai le droit d'être un Martien, pour entrer en rapport avec le fait que je suis un Martien... et pour me rendre compte qu'au fond, je ne suis pas un Martien. Je suis juste unique, avec mes désirs propres, mais nous sommes tous uniques. Il nous suffit de le reconnaître et de s'en foutre...

Inutile d'en faire toute une histoire.

Écouter ce que nous sommes, ce qui nous appelle, je ne le dirai jamais assez, n'implique pas de se livrer à une introspection. S'écouter est, à l'image de la méditation, désespérant de simplicité. C'est une démarche qui ne consiste pas à se tourner vers le gouffre de son moi profond, mais à observer, dans une bienveillante neutralité, ce qui nous arrive, nous touche, nous parle. C'est redevenir curieux. C'est apprendre à sortir de soi, à rencontrer le ciel et la terre...

Découvrir ainsi le sens du désir nous libère de cette injonction moraliste culpabilisatrice : « Soyez moins égocentrique et plus altruiste. » Non, prenez le temps de vous mettre à l'écoute de ce qui vous appelle et, spontanément, vous serez hors de vous, soucieux de l'autre, soucieux de vous engager. Demandez-vous tout simplement ce qui vous fait envie. La personne qui s'engage dans une association pour aider à lutter contre la violence faite aux femmes ou à vaincre l'analphabétisme ne le fait pas par devoir « altruiste », mais parce que cela lui parle, l'appelle, parce qu'elle se sent plus vivante et heureuse.

Restez libres. Telle est la grande leçon du désir : il nous appelle avec douceur et légèreté à nous ouvrir encore et encore pour que notre monde soit plus habitable. Cessez de vous refréner : désirez. Vous sauverez le monde...

6

Cessez d'être passif
Sachez attendre

> *L'été vient. Mais il ne vient que pour ceux qui savent attendre, aussi tranquilles et ouverts que s'ils avaient l'éternité devant eux.*
>
> Rainer Maria Rilke,
> *Lettre à un jeune poète*

Nous avons une vision très étrange de l'action. Pour nous, elle est ce qui produit un résultat immédiatement mesurable : ranger son armoire, remplir un tableau Excel, se déplacer, déboucher une bouteille de vin, tuer des ennemis sur sa console de jeux... Faute de quoi, nous considérons qu'il ne se passe rien.

Agir est, en quelque sorte, s'agiter. Être surbooké est, dans cette perspective, le summum de la réussite. Mais pourquoi ? À quelle fin ? Ce sont des questions que nous ne nous posons pas – nous n'en avons évidemment pas le temps. L'agitation

Foutez-vous la paix !

dont nous faisons montre la plupart du temps m'évoque irrésistiblement le businessman que le Petit Prince rencontre sur sa quatrième planète. L'homme est absorbé dans ses colonnes de chiffres. Des additions. « Je suis sérieux, moi, je suis sérieux », répète-t-il au Petit Prince quand celui-ci essaye de lui parler. « Je n'ai pas le temps de flâner. Je suis sérieux, moi. Je n'ai pas le temps de rêvasser », le rabroue-t-il quand le Petit Prince insiste. Le businessman additionne le nombre d'étoiles dans le ciel afin de les posséder et d'être riche. Et une fois qu'il les possède, il les compte et recompte, et enferme à clé, dans un tiroir, ses papiers de comptes. Il n'a jamais admiré une étoile, ni respiré une fleur, ni aimé personne. Il ne s'est jamais laissé distraire de ses comptes. « Il répète : "Je suis un homme sérieux !" et ça le fait gonfler d'orgueil, dit le Petit Prince. Mais ce n'est pas un homme, c'est un champignon. »

Selon notre compréhension du mot « agir », le businessman est en pleine action, le Petit Prince est un glandeur. Le cadre qui court de réunions inutiles en rendez-vous phagocytants se targue d'être très actif. Un artiste l'est aussi... à condition que ses toiles rapportent des devises sur le marché de l'art. Faute de quoi, de l'avis unanime, il sera dit qu'il ne « fait rien de sa vie ». Nous sommes comme ce patient très occupé à taper des mains sans arrêt et auquel le psychiatre demande : « Pourquoi continues-tu à frapper des mains ? » Le

Cessez d'être passif

patient répond : « Pour chasser les éléphants. » « Mais il n'y a pas d'éléphants ici ! », lui dit le psychiatre. Et le malade de répondre, sans cesser de taper des mains : « Tu vois que ça fonctionne ! »

Nous rions de cette histoire, sans comprendre que nous sommes tous ce patient qui tape dans ses mains. Que nous enchaînons les activités absurdes, mécaniques, qui n'ont pas de sens sauf celui de nous donner l'impression que nous agissons, alors qu'en réalité, nous sommes dans une désespérante passivité. Avec notre enfant qui n'a pas d'excellents résultats scolaires, nous avons l'impression d'agir en le sermonnant : « Fais tes devoirs. » Avec notre conjoint qui ne débarrasse jamais la table, nous avons également l'impression d'être juste en lui répétant inlassablement la même injonction, et en espérant que nous finirons par être entendu : « Aide-moi au lieu de ne rien faire. » Et je pourrais ainsi multiplier les exemples à l'infini. Celui de l'enseignant qui avance dans son programme sans rencontrer ses élèves, sans prendre le temps de s'assurer qu'ils l'ont compris. Est-ce qu'en travaillant intensivement, il a vraiment fait quelque chose ? Ses élèves diront du reste, non sans raison : « Comme nous nous sommes ennuyés cette année. » Celui de l'employé qui s'engloutit dans ses dossiers, sans vision d'ensemble, sans prendre en considération la dimension humaine des personnes qui sont derrière les numéros.

Tourner comme un hamster dans sa roue n'est pas agir !

En réalité, notre conception de l'action est bien trop courte. Et il est difficile d'en émerger tant nous sommes prisonniers d'un dualisme stupide entre activité et passivité.

Pour sortir de cet égarement, il nous faut faire un détour et examiner notre conception du temps. Le temps est-il vraiment ce que nous pouvons chronométrer ? Est-il vraiment éprouvé quand on me demande combien de dossiers j'ai bouclés en une matinée ? Combien de tableaux de chiffres j'ai remplis en une heure ? Le temps véritable n'est pas celui des horloges : on ne peut pas le mesurer. Il n'est pas celui des « process » formatés. Le temps n'est pas normatif : nous avons chacun notre temps propre, parfois si plein que nous l'oublions.

Un petit garçon m'a un jour demandé : « Pourquoi, quand je joue, le temps passe plus vite, et quand je fais mes devoirs, il passe beaucoup plus lentement ? » Voilà une question profonde et sage ! Le temps véritable est celui qu'il nous faut pour apprendre à marcher, à lire, à avancer. Celui qu'il nous faut pour nous autoriser à être. Ce n'est pas le temps des « moyennes » produites par les big data, des moyennes qui, en réalité, ne correspondent à rien. La moyenne n'est pas celle du plus grand nombre ! C'est un calcul statistique qui ne correspond dans la réalité qu'à une toute petite minorité.

Notre obsession de la moyenne nous empêche d'entrer en rapport avec le temps juste, c'est-à-dire le nôtre. Du coup, nous vivons dans l'impatience permanente, dans la terreur de cette injonction, de cette obsession de la « moyenne » qui m'intime de rédiger un article en une heure, d'apprendre une nouvelle langue en trois mois, de tourner la page après une séparation au bout de cinq ou six semaines.

À l'inverse, j'entends souvent dire que la méditation est une parenthèse passive dans la vie active, une pause au milieu de l'agitation, un moment de vide qui s'intercale entre deux courses effrénées. Il est vrai que lorsque je médite, je suis assis, je ne parle pas, je ne bouge pas, à première vue il ne se passe rien. Je suis juste attentif, exactement comme le médecin qui, assis, sans bouger, écoute longuement son patient avant de procéder à un geste médical. On ne dit cependant pas de ce médecin qu'il est passif, au contraire ! On loue son écoute attentive qui lui permet d'établir un diagnostic complet, on le remercie d'avoir pris son temps, par opposition à son collègue qui, pressé par l'urgence des rendez-vous, prescrit un traitement tout en écoutant à moitié ce que lui dit encore le patient. L'écoute du médecin est considérée comme une action parce que nous

Foutez-vous la paix !

estimons qu'elle « sert à quelque chose » (établir un diagnostic, procéder à un geste médical, etc.).

Je suis sans doute très sensible, trop sensible même. Quand on me parle, même dans le cadre d'un rendez-vous de travail, de manière purement technique, j'ai l'impression que l'on s'adresse à moi, non pas comme à un humain, mais comme à un « problème », un « cas », un « numéro », et je me sens mal. Un médecin que j'avais consulté un jour pour une hernie discale m'avait reçu, assis derrière son bureau, et m'avait mécaniquement posé des questions pour remplir, une à une, les cases de son dossier. C'était un interrogatoire, sans moments de silence, fait de questions précises et de réponses brèves (pour entrer dans les cases). Quand il m'a ensuite ausculté, j'avais l'impression d'être, entre ses mains, une sorte de cadavre animé. L'incident aurait semblé insignifiant pour beaucoup. Moi, il me brûlait de l'intérieur...

Or, quand je médite, j'agis exactement comme le médecin consciencieux mais humain. J'accomplis une action profonde, réelle : je m'arrête, je reste en silence, je me fous la paix pour pouvoir ainsi être plus ouvert à la réalité. J'accepte d'attendre, d'écouter la vie dans son effervescence. Je ne suis pas crispé jusqu'à ce que quelque chose survienne, je ne suis pas cramponné à quelque chose d'attendu. Je n'attends ni un bus ni un mail. J'attends sans rien attendre. Je m'offre à l'attente de ce qui peut survenir et dont je ne sais pas à

Cessez d'être passif

l'avance de quoi il s'agit. Cette attente n'est pas l'oubli indifférent du quotidien, elle n'est pas l'omission des problèmes et des difficultés. Elle est juste l'attente dans laquelle je « fais » quelque chose pour changer.

Si je regarde en arrière, je constate qu'en méditant, j'ai appris à prendre des risques. Je me suis construit. J'ai gagné en courage, en détermination. Je suis devenu un peu plus qui je suis. Pour toutes ces raisons, je crois que méditer, mais aussi s'arrêter, regarder une œuvre d'art, se promener dans la montagne *sont* une façon d'être enfin actif – de faire quelque chose de décisif qui nous transforme – dans un monde qui est, lui, malgré son agitation frénétique, beaucoup trop passif et nous engage beaucoup trop à la passivité.

Cessez d'être passif, remettez-vous en rapport avec votre être, avec la vie. Engagez-vous. L'action véritable est celle qui permet à quelque chose d'être, à un sens d'éclore. Je comprends l'activité à la manière de Henry Bauchau, le psychanalyste qui, dans son livre *L'Enfant bleu*, retrace quinze ans de parcours avec Orion, un jeune psychotique. Pendant ces quinze ans, le thérapeute a attendu qu'Orion sorte de sa carapace et fasse éclore les trésors qu'il avait pressentis en lui. Quinze ans de séances de thérapie durant lesquelles il ne se passait sans doute « rien », au sens commun du terme. Quinze ans pendant lesquels Orion s'ouvre peu à peu, de manière objectivement invisible, à la parole, à la création, à l'art dont il fera son métier, jusqu'à retrouver sa place dans le monde réel.

Cette capacité d'attente, qui n'est pas passive mais profondément active, repose sur la confiance : je ne sais pas comment ça va se passer, mais je reste attentif, ouvert, présent à ce qui se passe. Je m'autorise à ne pas savoir, à ne pas être impatient, mais je suis prêt à ce qui peut advenir. J'ai confiance en la vie, je m'en remets à elle : c'est elle qui va m'aider si je la laisse œuvrer en moi.

Une amie, qui a perdu son mari, me disait : « Je n'arrive pas à faire mon deuil » – sous-entendu, à répondre à l'horrible injonction qu'il y aurait un temps défini pour faire « son deuil ». Plus elle s'accroche à l'idée de cette obligation, plus elle cherche frénétiquement à franchir cette étape, moins elle y parvient. Elle voulait un conseil pour hâter le processus, un exercice à effectuer, un livre à lire, une action à accomplir – pour se donner l'impression d'agir. Je l'ai sans doute surprise en lui répondant qu'elle devait s'autoriser à vivre ce deuil. Pourquoi se battre contre la réalité ? On est toujours sûr de perdre.

Être actif, ce n'est pas s'agiter. Ce n'est pas courir vainement dans tous les sens pour donner (et se donner) l'impression d'être dans le faire, mais c'est construire en profondeur, sur le roc et non sur le sable, c'est comprendre, c'est trouver une solution nouvelle à une situation qui semble sans issue. Je suis souvent passif quand je m'agite. Je suis réellement actif quand j'ose tout arrêter, attendre, faire confiance. Le médecin doit prendre le risque de rester un instant sans savoir ce qui se passe. Nous aussi. C'est à cette condition que, peut-être, quelque chose de complètement autre, auquel je n'avais pas pensé, va m'apparaître comme une évidence et me sortir de l'impasse dans laquelle je suis enlisé.

7

Cessez d'être conscient
Soyez présent

> *À travers quels enfers faudra-t-il encore que l'être humain passe pour que s'ouvre à lui l'expérience qu'il ne se fait pas à lui tout seul.*
>
> Martin Heidegger,
> *Lettres à Hannah Arendt*

Au XVIIe siècle, dans une Europe en pleine effervescence intellectuelle, un penseur français, René Descartes, à la fois mathématicien et philosophe, se met en quête d'une connaissance aussi certaine que la foi – qui à son époque semble le sommet de toute certitude possible. Il est émerveillé par les mathématiques qu'il qualifie de « science admirable », du fait de la clarté des évidences de leurs raisonnements qui s'adressent à notre conscience, sans l'intrusion du prisme imprécis des perceptions ni des sensations. Une conscience immatérielle qui fonctionnerait de ce fait indépendamment du corps, simple machine à exécuter : c'est le fameux principe du dualisme qui a profondément marqué de son empreinte la pensée occidentale et le rapport que nous avons à notre existence.

Je peux douter de l'existence de mon corps, mais pas de celle de mon esprit qui est l'essence de ma personne, dit Descartes. Je suis une conscience, et cette conscience constitue mon individualité. Elle est une entité à part, une sorte de citadelle étrangère au monde extérieur, libre par rapport à la matière, y compris le corps et les sens qui, eux, nous trompent si souvent, affirme-t-il. Elle est le fondement de toute certitude, « la terre natale de la vérité », sur laquelle s'appuie la connaissance de toutes choses. Elle est donc la condition du savoir, et elle est apte à tout contrôler puisqu'elle est la voie d'accès à la vérité : c'est uniquement grâce à elle que l'être humain peut se rendre « maître et possesseur de la Nature ».

Descartes met à bas le système de fonctionnement qui était celui de l'humanité depuis qu'elle existe, c'est-à-dire un vécu en symbiose avec le cosmos, avec le monde, avec la réalité, avec autrui, avec son propre corps et ce qu'il nous dit. Selon lui, la conscience n'a pas besoin de tout ce fatras pour exister. Je suis plus certain de ma conscience (le fameux « je pense donc je suis ») que du monde extérieur, nous assure-t-il. Nous l'avons cru !

Nous avons succombé à cette idée que la conscience est cette petite île coupée de la réalité.

Cessez d'être conscient

Nous nous sommes atrophiés, nous nous sommes coupés de nos sens, des autres, du monde.

Même une action aussi sensorielle que la méditation est devenue pour nous, éloge suprême que nous lui adressons, un acte de « pleine conscience ». Une action réflexive, de pure spiritualité, indépendante de toute autre réalité. Pendant des années, je reconnais que cette dénomination ne m'a pas heurté, je l'ai moi-même employée, mais j'ai fini par me rendre compte de la mécompréhension qu'elle entraîne dans la mesure où nous associons spontanément conscience et réflexion, conscience et exercice intellectuel, conscience et savoir, conscience et contrôle. Or la méditation ne s'adresse pas uniquement à l'esprit, mais à tout notre être. Elle n'a pas grand-chose à voir avec cette conscience séparée et abstraite telle que nous l'entendons depuis le XVIIe siècle. Elle est plutôt là pour nous en délivrer !

Car méditer ne consiste pas à être « conscient », mais à toucher un sens de présence avec l'entièreté de son être, avec son corps, avec son cœur, avec ses émotions, comme avec son esprit, en étant ainsi ancré dans le monde. Méditer n'est pas réfléchir, mais sentir. C'est être présent à ce qui se passe, simplement, sans chercher à prendre conscience sans cesse de ce qui se produit. À la manière du cycliste qui tient en équilibre sur son vélo parce qu'il ne se pose pas la question de savoir quel est l'angle idéal pour ne pas basculer

Foutez-vous la paix !

d'un côté ou de l'autre ; il ne réfléchit pas en conscience, mais il se fait confiance. Il sort de lui-même, il se fout la paix pour adapter, sans y penser, sa manière de pédaler et de tenir le guidon, à la configuration du chemin qu'il suit. Le joueur de tennis qui rattrape une balle ne calcule pas, lui non plus, l'angle de frappe de la raquette du joueur qui lui fait face, ni la vitesse imprimée à la balle : s'il réussit à l'attraper c'est, au contraire, en s'oubliant, en étant un avec le geste, avec la situation, en étant présent et non pas conscient.

Prendre conscience, au sens où nous entendons ce mot depuis Descartes, c'est s'empêcher de coïncider avec la vie – se regarder faire. À l'inverse, méditer, c'est coïncider avec la vie, ce qui n'exige pas d'être « conscient », mais d'être ouvert. Pour toutes ces raisons, je me suis érigé contre le diktat de la « conscience ». Et, afin d'être plus juste, plus précis dans mon expression, je donne à la méditation que j'enseigne le nom de « pleine présence » plutôt que celui de « pleine conscience », dans la mesure où il ne s'agit pas de se mettre à distance des choses pour pouvoir les saisir mais, au contraire, d'essayer de se mettre en rapport avec elles, de les intégrer à mon être. Méditer, c'est se libérer de l'enfer de la pleine conscience pour vivre enfin en pleine présence avec l'entièreté de notre être, de nos sensations, de notre cœur, de notre peau, de notre souffle, et en nous replaçant dans

Cessez d'être conscient

la chair même du monde, l'eau, l'air, les arbres, les sons...

Ce n'est pas une révolution ni une innovation, mais un retour aux sources. Car en sanskrit et dans la plupart des langues asiatiques, la pratique de base de la méditation se dit *bhavana* que l'on pourrait traduire par « être d'une certaine manière » – comme la nature qui est, sans raison et sans pourquoi. Méditer y est compris comme un déploiement, laisser venir en pleine présence ce qui est. En introduisant la notion de conscience, nous avons réduit la méditation à une pure technique, un exercice cérébral qui active telle zone du cortex et place telle autre en repos. Nous nous focalisons sur ses effets mesurables sur nos neurones, mais nous oublions qu'elle concerne bien plus que nos neurones, l'ensemble de notre existence.

En théorisant la méditation, nous redevenons des cerveaux qui complètent des dossiers et des colonnes de chiffres, des businessmen comme celui qu'a rencontré le Petit Prince sur la quatrième planète. Or, s'il est présent et pas seulement conscient, s'il sort de sa tour de contrôle de soi qui vérifie tout en permanence et qui est à distance de tout, s'il laisse s'exprimer ses sensations, son instinct, son ressenti, le businessman, redevenu humain, sera d'autant plus précis et accomplira d'autant mieux ses tâches qu'il sera dans l'ouverture, attentif et présent à la réalité,

Foutez-vous la paix !

apte à prendre de la hauteur pour l'appréhender dans sa globalité.

En ce sens, méditer n'est pas seulement une technique de confort, c'est une révision complète de notre manière d'être au monde. Les Anglo-Saxons, beaucoup moins imprégnés que nous par la pensée cartésienne et son dualisme, ont traduit le terme *bhavana*, notre « pleine conscience », par une autre expression qui me paraît beaucoup plus juste : *mindfulness*. *Mind* n'est pas la conscience : c'est à la fois l'esprit et le fait de faire attention, c'est l'esprit qui fait attention. « *Mind the gap* », lit-on dans le métro londonien : « Faites attention à la marche », soyez présent pour la voir et éviter de tomber. Soyez attentif plutôt que conscient, et avancez avec confiance dans la vie. On n'est pas attentif en se recroquevillant sur soi mais, au contraire, en étant avec ce qui nous intéresse. En étant dans le monde. Plus je suis attentif plus je suis présent, et plus je suis présent plus je suis attentif. L'attention et la présence s'aident mutuellement, et constituent ainsi le ressort le plus profond de ce qu'est la méditation.

Méditer nous ouvre de la sorte à un autre rapport au temps, à l'espace, à nous-mêmes, au monde auquel nous sommes alors pleinement reliés au lieu d'être isolés dans la forteresse qu'est la conscience. Cette attitude devrait être le ressort de l'ensemble de notre existence. Ai-je vraiment besoin de prendre conscience que je tiens un verre d'eau et que je vais le porter à mes lèvres ? Ne me suffit-il pas d'être présent à mon verre d'eau et de sentir sa fraîcheur entre mes mains, entre mes lèvres ? Le piège de la conscience nous guette en permanence. Elle est cette force réflexive qui fait que je redouble tout ce que je fais – je mange et je me regarde manger. Je cherche à tout saisir et à tout contrôler. Quelle approche étouffante !

Nous marchons en comptant le nombre de nos pas, nous courons en mesurant notre vitesse et en la comparant à notre performance de la veille. Nous mangeons en intellectualisant ce que nous avons dans notre assiette, plutôt que de nous laisser aller à goûter, à déguster avec nos sens, à écouter la sensation de faim ou de satiété en nous. Nous saluons un voisin après avoir réfléchi et décidé qu'on pouvait le faire, comme si ce rapport avec autrui n'était pas premier dans une vie d'humain. À force d'être conscients, nous oublions d'être présents. À force de penser, nous oublions de jouir. Notre premier réflexe est celui de la distanciation. Y compris dans la pratique de la méditation : je reste à distance pour pouvoir contrôler ma respiration, mes pensées, mon souffle. Et, à force d'être auto-conscient, de me placer au centre de la toile, j'oublie la présence.

La méditation, l'hypnose ou encore la psychanalyse nous libèrent de cette emprise écrasante de l'idéologie de la conscience, de ce primat artificiel qui nous mutile. Elles sont là pour nous rappeler

Foutez-vous la paix!

que l'être humain est d'abord un être vivant qui sent, qui ressent, qui a des émotions, qui est traversé par des expériences beaucoup plus amples que ce à quoi le limite l'écran de la conscience.

À force de vouloir tout vérifier, on se terrorise. Quand on accepte de se laisser ouvrir par ses perceptions sensorielles, le monde se révèle dans son immensité. On peut alors, comme le dit le poète William Blake, « voir le monde dans un grain de sable ».

Écouter le chant d'un oiseau n'est pas seulement entendre un son. Mais pour cela, encore faut-il savoir être présent…

8

CESSEZ DE VOULOIR ÊTRE PARFAIT
Acceptez les intempéries

> *Impose ta chance, serre ton bonheur et va vers ton risque : à te regarder, ils s'habitueront.*
>
> René Char, *Les Matinaux*

Lorsqu'il y a vingt-cinq ans, j'ai commencé à méditer, j'avais un projet : devenir enfin moins fragile, moins timide, moins compliqué, moins impatient, plus calme, plus sûr de moi, plus solide, plus détendu. J'avais aligné tout ce que je n'aimais pas en moi et dont j'espérais me débarrasser comme d'une épine, et tout ce que j'aimais bien en moi – mais là il n'y avait pas grand-chose – et que je souhaitais renforcer. Ma liste était longue comme le bras, traçant le portrait précis du personnage que je voulais devenir. Il ne me ressemblait pas énormément : il était parfait, enfin aimable, pensais-je. J'étais alors persuadé que les autres étaient parfaits, en tout cas beaucoup plus proches que moi de la perfection. Je cumulais, à mes propres yeux, les failles et les mauvais points.

Nous voulons être parfaits parce que nous refusons l'échec, nous le considérons comme une catastrophe, une honte, un point final à notre parcours, qu'il soit professionnel ou sentimental. Nous sommes éduqués à oublier que dans la vraie vie, l'échec est non seulement inévitable, mais surtout indispensable : c'est lui qui nous fait grandir. Si nous n'apprenons pas à échouer, nous échouerons à apprendre. L'enfant qui ne veut pas tomber ne saura jamais marcher. Celui qui s'angoisse parce qu'il a débordé de sa ligne de coloriage ne réussira jamais à apprendre à colorier, ni à se coordonner. La culture anglo-saxonne valorise les échecs et les inscrit dans les CV : ils sont la preuve que nous avons essayé, même si nous n'avons pas réussi. Ils sont la démonstration que nous avons envie d'aller plus loin, d'embrasser la vie.

J'étais moi-même un mauvais élève, de ceux dont on dit qu'ils sont « en situation d'échec ». Je ne passais en classe supérieure que grâce à la capacité de mon père à convaincre mes professeurs que j'allais enfin me mettre au travail. Et la catastrophe ne s'est pas produite, au contraire : j'ai eu mon bac, j'ai entamé des études supérieures et trébucher pendant ma scolarité ne m'a pas empêché de devenir docteur en philosophie.

Cessez de vouloir être parfait

Nous, nous condamnons l'idée de tomber, de s'écarter, de dévier du but. Edison, le bricoleur de génie qui, à la fin du XIXe siècle, a inventé, entre autres, l'ampoule (donc l'éclairage électrique), avait déposé, au cours de sa vie, 1093 brevets. À un interlocuteur qui le plaisantait un jour : « Vous avez quand même raté mille fois l'ampoule électrique », il avait sérieusement répondu : « J'ai réussi à découvrir mille manières différentes de ne pas atteindre mon but, pour ensuite parvenir à sa réalisation. » Heureusement pour nous qu'il n'était pas dans l'idée du tout ou rien, qu'il ne s'était pas laissé paralyser par ses échecs, encore plus nombreux que ses centaines de découvertes ! Nous l'applaudissons. Mais pourquoi nous refusons-nous ce que nous admirons chez lui, à savoir le droit de ne pas réussir à la perfection, dès le premier essai, ce que nous entreprenons ? Pourquoi sommes-nous engloutis de honte, dès la prime enfance, aussitôt que nous échouons ? Pourquoi le mot échec est-il honteux ?

J'ai mis du temps à prendre conscience des capacités paralysantes de la peur de l'échec – moi-même, je n'envisageais tout simplement pas de me lancer dans une entreprise où je risquais d'échouer. Il y a une quinzaine d'années, j'avais déjà écrit quelques livres quand j'ai reçu un appel de Catherine Barry à participer à l'émission télévisée dominicale, *Voix bouddhistes*, sur France 2. J'en ai été terrorisé : parler de la méditation à la

Foutez-vous la paix !

télévision me semblait si important, si grave, que je n'en dormais plus. J'ai accepté, mais en tremblant de peur. Et le jour J, moi qui ne bois quasiment pas, j'ai avalé une bonne partie d'une bouteille de whisky avant de me rendre à l'émission. Je la voulais parfaite : l'incroyable douceur et l'intelligence de Catherine m'ont aidé à accepter d'être simplement moi-même. Ce fut une belle leçon de vie ! Car, au fond, je ne peux être que ce que je suis. Et ce qui me semblait le plus gênant en moi m'est ainsi apparu, peu à peu, comme une sorte de cadeau qu'il faut apprendre à accepter.

Nous voulons être parfaits pour donner une image lisse de nous, qui ne soit pas entachée par l'irruption d'émotions, en particulier douloureuses. Nous avons honte d'avouer, et même de nous avouer, que nous éprouvons de l'envie, de la colère, de la déception. Et si nous en éprouvons, nous ne pouvons plus, pensons-nous, être heureux « pour de vrai » – dans notre fonctionnement dualiste, binaire, ce « pour de vrai » nous est capital : nous sommes « heureux pour de vrai » ou nous ne le sommes pas du tout. Occulter nos émotions douloureuses (ou négatives), nous en vouloir de les éprouver et de les exprimer, c'est pourtant refuser quelque chose de notre part d'humanité qui est constituée de nos joies, mais aussi de nos chagrins, de nos imperfections, de nos désarrois, de nos intempéries. Comme le répète volontiers Jack Kornfield, un maître bouddhiste américain qui

Cessez de vouloir être parfait

transmet la *Mindfulness* depuis près de quarante ans, méfiez-vous de celui qui ne ressent jamais aucune émotion, qui n'est jamais triste, malheureux ou en colère : c'est un psychopathe. Ou alors, il est mort...

Étrangement, nous avons honte de pleurer en public, mais nous sommes néanmoins émus par ceux qui osent exprimer leurs émotions. Bouleversés quand un collègue, à bout de nerfs, de fatigue, d'épuisement, éclate en sanglots : nous ne le jugeons pas, nous le consolons de tout cœur, nous lui tendons la main, sans mépris ni pitié ! De Xavier Dolan recevant le Grand Prix du Festival de Cannes, en 2016, nous avons retenu la voix tremblante, puis les larmes. « Je préfère la folie des passions à la sagesse de l'indifférence », a-t-il dit ce jour-là, citant Anatole France, non pas pour s'excuser de pleurer, mais pour s'assumer. *Comme un enfant perdu*, l'autobiographie du chanteur Renaud, parue en 2016, a été un énorme succès de librairie parce que nous avons tous reconnu en lui une personne qui ne triche pas, qui ne dissimule ni ses failles ni ses blessures, mais les utilise comme un carburant pour aller de l'avant. Lequel, parmi nous, s'autoriserait à aller, tête haute, aussi loin dans ses confessions, y compris auprès de ses plus proches amis ? Et pourtant, quand on aime une personne profondément, c'est aussi pour ses moments d'émotions, pour ses désarrois, pour ses fragilités qui font partie de la beauté de son être !

Foutez-vous la paix !

Chez les autres, nous admirons peut-être la perfection mais nous ne l'aimons pas parce qu'elle ne nous touche pas. Pourquoi ne pas retenir la leçon quand il s'agit de nous ?

J'ai souvent cru qu'en osant être imparfait dans un monde qui valorise la perfection, j'allais être écrasé et laminé. Il y a une dizaine d'années, j'ai été invité à donner une conférence de carême à Notre-Dame-de-Paris. En recevant l'invitation, j'ai tout de suite pensé à mes quatre grands-parents, tous juifs polonais, victimes directes du nazisme (ils avaient tous perdu une partie de leur famille dans les camps), victimes aussi de l'antisémitisme – c'était avant le concile Vatican II, c'était en un temps où, chaque Vendredi saint, les chrétiens priaient « aussi pour les juifs perfides ». Ils auraient été si fiers s'ils m'avaient vu, moi le juif, prendre la parole, debout devant l'autel, en ce lieu symbole de la chrétienté.

J'avais bien préparé mon intervention, soupesant chaque mot. Mais, sur le moment, pris par la magie de la situation, je me suis complètement laissé aller. Beaucoup m'ont, par la suite, reparlé de ma conférence. Ce n'est pas la logique de ma réflexion, dont j'étais si fier, qui les avait frappés, mais mon émotion. Il en est toujours ainsi. C'est quand on est le plus à nu, le plus authentique, quand on ne triche plus, que l'on trouve la possibilité de rencontrer les autres pour de bon. Comme s'il y avait un risque qu'il faille nécessairement prendre pour que s'ouvre une transmission de cœur à cœur. Chercher à être parfait, c'est étouffer en soi cette source si précieuse.

Notre obsession de la perfection nous amène à exercer à l'égard de nous-mêmes un harcèlement moral qui tomberait sous le coup de la loi si nous l'appliquions à l'encontre d'un tiers ! Parce que nous voulons être parfaits, nous nous interdisons de reconnaître nos réussites, nous estimons que tout ce que nous faisons n'est pas assez, et nous nous dévaluons en permanence en nous comparant aux autres. J'ai obtenu une promotion ? Certes, mais mon collègue a eu une promotion bien plus élevée, il a donc été meilleur que moi. J'ai parcouru, ce matin, sept kilomètres à vélo ? Mon frère (ou mon voisin) parcourt ses douze kilomètres par jour. J'ai réussi un examen ? Je n'ai aucun mérite, ce n'était pas si difficile. Et cætera !

L'injonction du perfectionnisme commence à l'école, avec cette remarque que tous les élèves ont vue griffonnée sur leur carnet scolaire : « Peut mieux faire. » Et dans mon cas, elle l'a été plus d'une fois ! J'en éprouvais d'ailleurs une immense frustration.

Vingt-cinq ans plus tard, je ne suis toujours pas parfait. En méditant, rien de ce que j'avais prévu ne s'est passé comme je l'avais espéré ! J'ai conservé mes défauts et mes qualités, ma sensibilité et mes fragilités. Mais mon rapport à eux a complètement changé. Mon attitude violemment

Foutez-vous la paix !

agressive à l'encontre de moi-même s'est effacée. J'ai cessé de vouloir être parfait. Et pour tout dire, je m'en fous. Je ne confonds plus l'ampleur d'une aspiration avec la cruauté du perfectionnisme.

J'ai sans doute déçu un certain nombre d'aspirants à la méditation en les prévenant d'emblée que méditer ne les rendrait pas parfaits. En leur disant que méditer, c'est prendre en vrac tous les éléments qui les constituent et enterrer la hache de guerre. Méditer est un acte de bienveillance envers soi, un oui profond. C'est là un mouvement profondément libérateur dans notre société dominée par une vision perfectionniste qui n'a absolument rien à voir avec la réalité de notre existence humaine.

J'en ai certainement étonné beaucoup d'autres qui me demandaient à qui s'adressait la méditation, sous-entendant que seules les personnes ayant un tempérament déjà calme, déjà méditatif, des personnes en quelque sorte parfaites, pouvaient se lancer dans cette aventure. Mais c'est faux !

L'un de mes voisins était un homme d'une grande intelligence. Un architecte talentueux. Je l'aimais beaucoup malgré son cynisme. Il se moquait évidemment de la méditation. Pour lui, la seule chose qui comptait était d'être fort et actif. S'il y avait un problème, il fonçait. Ceux qui avaient des difficultés, qui étaient traversés d'angoisses, qui souffraient de dépression ou d'addictions étaient, à ses yeux, des individus trop faibles. Il haussait les épaules quand je lui parlais de tous ceux qui souffrent des violences infligées par notre société, du suicide qui est la première cause de mortalité chez les jeunes, de la dépression qui, selon l'OMS, est la deuxième cause des arrêts de travail chez les Occidentaux. Il ne voulait pas m'entendre quand j'insistais sur l'inhumanité de notre système. Quand j'essayais de lui expliquer qu'apprendre à s'écouter, à se foutre la paix, n'est pas un acte de faiblesse, cela le laissait froid. Il était sûr de son fait.

Quand mon voisin a été diagnostiqué d'un cancer, il a su, dans la foulée, qu'il n'en avait plus pour très longtemps à vivre. Il a été opéré mais, après cette opération, l'homme que j'avais connu comme un taureau fonçant droit devant était désormais à terre. Je lui ai proposé de méditer avec lui. Je m'attendais à ce qu'il m'envoie promener. Mais à ma surprise, il a accepté. Et pendant trois mois, tous les jours, je suis allé chez lui. Nous pratiquions ensemble pendant vingt minutes.

En quelques semaines, il a pu faire la paix avec lui-même. Et il a préparé sereinement son départ. Sa famille me demandait comment j'avais réussi à le transformer. En réalité, je n'avais rien fait : c'est la méditation qui lui avait permis d'accepter l'inacceptable, d'embrasser sa fragilité sans plus en avoir peur. Malgré la maladie, la chimiothérapie et l'imminence de la mort, cet homme était devenu rayonnant...

Foutez-vous la paix !

À quoi bon méditer si vous ne connaissez aucune altération de votre humeur, quelles que soient les circonstances ? Si vous n'êtes jamais triste, en colère, malheureux ou croulant sous les problèmes insolubles ? Évidemment, je ne connais personne qui soit à l'abri de tous les aléas émotionnels qui composent une existence. Par contre, j'en croise beaucoup qui sont formellement convaincus d'être une exception : tout le monde est stable d'humeur, sauf eux, pensent-ils. La réalité est que nul n'est parfait – si nous considérons que l'immuable stabilité d'humeur d'un ordinateur, ou demain d'un robot, représente la perfection. Ce perfectionnisme-là est un déni de la réalité, une fiction à laquelle nous voulons croire coûte que coûte. Cet idéal que l'on s'impose (pour nous, pas pour les autres) n'est en rien humain. Néanmoins, nous nous acharnons à contrôler notre image, obsédés par l'idée de dissimuler la moindre faille, la moindre vague, la moindre aspérité, même en périodes d'intempéries. Nous mobilisons une énergie extraordinaire pour y parvenir.

Le « parfait », obsédé par l'objectif, occulte la réalité, tant et si bien qu'il se révèle souvent incapable de jouer avec les situations, de danser avec la vie. « Le mieux possible » ne fait pas partie de son vocabulaire, seul « le mieux » trouve grâce à ses yeux. J'ai connu des enseignants perfectionnistes qui donnaient leurs cours avec pour seul objectif de se calquer sur le rythme imposé par les programmes de l'Éducation nationale. Avec eux, le manuel scolaire se lit jusqu'à la dernière page. Et tant pis pour les élèves qui ne suivent pas ! Sont-ils plus performants que les enseignants dont l'ambition n'est pas de « boucler » le programme mais d'enseigner le mieux possible, en s'adaptant à la réalité d'une classe qui, elle, n'est jamais parfaite ?

Ne soyez pas parfaits, soyez excellents ! Être excellent, c'est être au sommet de son humanité et s'en réjouir, à la manière des athlètes participant aux premiers Jeux Olympiques, dans la Grèce ancienne. Leur enjeu était « que le meilleur gagne ». Les athlètes d'aujourd'hui sont, eux, dans une logique perfectionniste : pour être pleinement satisfaits, il ne leur suffit pas de gagner, il leur faut battre un record. Je me souviens de la victoire d'Usain Bolt aux championnats d'athlétisme de Berlin, en 2009. Il avait couru les 100 mètres de manière magique, devançant largement les autres concurrents. Mais le cri du commentateur était : « Il l'a fait, il l'a fait, 9,58. » Ce qui comptait pour lui n'était pas la splendeur de l'action, ni le seul fait de gagner, mais « à combien » il avait gagné. Lors des derniers Jeux Olympiques de l'été 2016, j'ai été frappé par les commentaires qui se concentraient quasi exclusivement sur le nombre de médailles remportées, plutôt que sur la célébration de la beauté du geste.

Foutez-vous la paix !

Ne soyez pas parfaits, soyez ambitieux ! Acceptez les failles, les lacunes, les imperfections... mais faites de votre mieux, à partir de ce que vous êtes, à partir de la réalité que vous avez en face de vous. Ne vous coupez pas de vous-même, ne vous coupez pas de la vie.

Se foutre la paix ne consiste donc pas du tout à se négliger, mais à accepter la complexité et la nuance du monde. C'est accepter les intempéries qu'un perfectionniste vit comme une attaque. C'est arrêter de s'auto-évaluer et de s'auto-vérifier en permanence. C'est accepter de vivre et se réjouir de la vie, de s'enthousiasmer, de sortir de l'angoisse pour entrer dans la stimulation du faire, du vivre. Se foutre la paix repose sur un geste de confiance. Sur la capacité de rire de soi.

Il existe un aspect extrême et effrayant du perfectionnisme : il se nomme l'intégrisme. L'intégriste se torture, s'ampute, se détruit et détruit les autres pour vivre ce qu'il appelle sa foi d'une manière qu'il considère être absolument parfaite – du moins, selon ses propres critères. Cependant, quoi qu'il fasse, aussi loin qu'il aille, il n'est jamais assez rassuré et doit donc augmenter inlassablement ses exigences. Mais ça ne va jamais, ce n'est jamais assez : plus il franchit un palier, moins il va bien, et plus il doit poursuivre sa folle surenchère... sans jamais en tirer le moindre contentement. Voilà la logique la plus démente du souci de perfection. Ce cas extrême éclaire pourquoi le

Cessez de vouloir être parfait

perfectionniste ne sera jamais parfait à ses propres yeux. Il ne peut donc que passer son existence à se torturer en vain...

Ne prenez pas ce chemin, faites la paix avec vos désarrois et les intempéries. Dans les séminaires de méditation que je dirige, l'un des aspects les plus importants consiste pour moi à révéler à chaque participant que ce qui le gêne, lui fait peur, ce qu'il aimerait gommer de sa personne, est pourtant sa chance. Charles s'est engagé dans la pratique de la méditation à mes côtés, il y a de nombreuses années. Il s'occupe avec dévouement de l'École occidentale de méditation que j'ai fondée. Les premiers temps, il a pourtant souvent eu le sentiment de n'être pas à la hauteur. Sans s'en rendre compte, il se mettait une énorme pression sur les épaules. Une pression si forte qu'elle l'empêchait de s'appuyer sur ses propres talents. D'aller vers son risque. Il a été un peu étonné, déstabilisé, que je ne l'encourage pas dans ses projets perfectionnistes. Je lui ai juste proposé de tenter l'aventure de se foutre la paix, particulièrement là où il croyait la chose impossible. Dès lors, il s'est révélé le meilleur...

9

Cessez de chercher à tout comprendre
Découvrez le pouvoir de l'ignorance

> *N'apprends qu'avec réserve. Toute une vie ne suffit pas pour désapprendre ce que, naïf, soumis, tu t'es laissé mettre dans la tête – innocent ! – sans songer aux conséquences.*
>
> Henri Michaux, *Poteaux d'angle*

« Selon les lois de l'aérodynamique, le bourdon ne peut pas voler : le rapport mathématique entre sa tête, trop grande, et ses ailes, trop petites, l'empêche de soutenir son corps en l'air. Mais le bourdon ne le sait pas : c'est pourquoi il vole », s'amusait Igor Sikorsky, un pionnier russo-américain de l'aviation, inventeur de l'hélicoptère, en développant la théorie de ce qu'il nommait « le pouvoir de l'ignorance ».

Un pouvoir qui nous manque cruellement à nous qui sommes tous des bourdons inachevés auxquels il manque la capacité d'oser. Nous n'accordons aucun pouvoir à l'ignorance, nous la méprisons et lui opposons ce que nous estimons être notre supériorité d'humains : la capacité à tout comprendre. Si nous étions des bourdons, nous aurions d'abord réfléchi avant de nous élancer dans l'air. Et, en toute logique, nous serions prudemment restés plaqués au sol puisqu'il nous est techniquement impossible de voler. Nous aurions littéralement été prisonniers de notre cadre de pensée. Nous en aurions très certainement crevé.

Méfions-nous de notre volonté de tout comprendre : elle nous égare. Dois-je changer de métier, ou d'entreprise, ou de cadre de vie, ceux-ci ayant révélé les effets nocifs qu'ils ont sur ma propre vie ? Voilà des questions réelles dans lesquelles nous nous perdons souvent en conjectures, en calculs, en hésitations. Nous pesons inlassablement le pour et le contre, nous laissons filer les mois, puis les années, reprenant nos calculs et nous terrifiant parce que la colonne du « contre » n'est jamais vierge. Finalement, nous restons sur place, à nous morfondre et à regretter : « Ah, si seulement j'avais... »

Nous traînons les regrets qui s'accumulent, les douleurs qui s'incrustent, les « si seulement... ». Nous entreprenons des thérapies pour essayer de comprendre, en espérant que la compréhension sera libératrice. Nous comprenons beaucoup de choses, mais cela ne nous permet pas de changer. Combien de personnes sont capables de vous expliquer pendant des heures tous leurs problèmes, la situation de leurs parents, les blessures qu'ils ont vécues. Résultat ? Elles sont juste encore plus enfermées en elles-mêmes qu'avant.

Mes quatre grands-parents avaient échappé de peu à la Shoah. Chez nous, on ne parlait jamais de ce passé, mais il était d'autant plus présent, oppressant. L'une de mes deux grand-mères était venue seule en France, au début des années 1930. Quand les échos des exactions du nazisme en Pologne lui étaient parvenus, elle avait tout tenté pour repartir, prévenir sa famille, l'aider à fuir. Elle n'y était pas arrivée. Elle a vécu, jusqu'à son dernier jour, avec ce remords. Dans son salon, elle avait encadré la photo de ses parents et de son frère, morts dans les camps de concentration. Dans sa tête, elle refaisait inlassablement l'histoire. Sa douleur était insoutenable, elle l'entretenait au quotidien. Quand, devenu adulte, j'ai fini par l'interroger, elle m'a répondu à demi-mot pour soupirer qu'elle ne leur avait jamais dit adieu. J'ai lu des livres, j'en ai parlé avec des historiens, des psychologues, j'ai posé des questions à des témoins, à des spécialistes, j'ai essayé de comprendre, de comprendre, de comprendre, persuadé que par le seul fait de comprendre pourquoi elle n'avait pas réussi à arriver en Pologne et comment elle aurait pu réussir, je serais libéré et j'irais

Foutez-vous la paix !

automatiquement mieux. N'est-ce pas ce que l'on nous répète tous les jours, depuis les bancs de l'école primaire ? J'étais presque devenu moi-même un spécialiste de cette période, je connaissais les plans et les cartes sur le bout des doigts, ma raison était gavée de faits, de chiffres, de données, mais l'oppression, elle, était toujours là, mon sentiment d'incomplétude aussi. Malgré moi, je ressassais, je m'emmurais dans cette douleur dont j'étais l'héritier. Mais je devais réussir, je devais donc encore plus comprendre, ainsi que nous l'intime la dictature de nos sociétés.

Je craignais qu'en perdant le contrôle, une faille ne se crée et mon édifice ne s'écroule, me laissant nu face à une douleur qui m'engloutirait. Je ne voulais pas rendre les armes de la raison que je pensais comme un bouclier. Je ne voulais pas non plus m'arrêter sur le chemin de la réflexion qui m'amènerait, croyais-je encore, vers une réponse. Tout arrêter me semblait presque un acte suicidaire !

Comme souvent, il a donc fallu qu'on m'y autorise. « On » ne peut être qu'une tierce voix : un thérapeute, un confident, quelqu'un qui nous donne cette permission, qui nous soutient ou nous aime profondément. J'ai donc lâché la corde pourrie à laquelle je me raccrochais et j'ai sauté, croyant aller dans le vide alors qu'en réalité, je fonçais enfin vers la vie. Je me suis peu à peu foutu la paix, c'est-à-dire que j'ai accepté de rester

Cessez de chercher à tout comprendre

avec mes douleurs, mes interrogations, sans chercher de solution, en acceptant l'épreuve. J'ai appris à coïncider avec la réalité telle qu'elle est pour moi, à ce moment donné. J'ai accepté l'incertitude.

Je n'ai plus essayé de comprendre le pourquoi, je suis entré en rapport avec cette douleur. Depuis, je me méfie de ceux qui affirment avoir « tout compris », et ce même lors des séminaires que j'organise. Car on cesse alors de questionner, de découvrir, d'avancer. On détient l'équation magique, on se protège derrière la théorie, on s'y accroche. Et on passe à côté de la réalité telle qu'elle est, telle qu'elle s'incarne, telle qu'elle se vit. Avoir « tout compris » est un piège redoutable. Redoutable parce que la clarté est bien sûr nécessaire, mais à un moment, elle nous emprisonne. Notre existence n'est pas une équation mathématique ! Ne pas s'acharner à tout comprendre est la seule manière d'être vraiment fidèle à ce que signifie l'existence humaine. Le seul moyen de rendre à la réalité son souffle, son rythme, sa démesure salutaire.

Pour peu que nous abandonnions le souci de tout comprendre, une deuxième force se révèle à nous : l'intuition. Dans les universités anglo-saxonnes, où toutes sortes d'études sont menées, l'une d'elles m'a particulièrement interpellé. Les cobayes étaient deux groupes d'étudiants, les uns allemands, les autres américains, et une seule question leur a été posée : laquelle de ces deux villes américaines, Detroit ou Milwaukee, est la plus peuplée ? Les étudiants américains, possédant naturellement plus d'informations quant à la géographie de leur pays, ont réfléchi, rassemblé des données, et majoritairement répondu Milwaukee. Moins informés, forcés de se fier à leur seule intuition, les Allemands ont, pour la plupart, donné le nom de la ville qui leur est le plus familier : Detroit. Et c'était la bonne réponse.

Nous rationalisons dans notre travail alors que nous sentons, d'instinct, que nous commettons une erreur, que nous nous enlisons dans des lourdeurs. Nous sommes fascinés quand d'autres « trouvent une idée » ; nous nous interdisons, nous, de sortir du process pour la chercher. Nous rationalisons jusqu'à notre vie intime : nous connaissons tous des hommes, des femmes qui, pour rencontrer l'âme sœur, adoptent des stratégies quasi issues des techniques marketing, rationalisant les moyens d'approche, intellectualisant la manière de les potentialiser, se barricadant contre les aléas, contre l'inconnu, se fixant sur un objectif tracé au cordeau au point d'en perdre l'essentiel : la vie. Des années plus tard, ces hommes, ces femmes cherchent encore l'âme sœur.

L'intuition dont je parle là n'a rien d'ésotérique, ce n'est ni un mystérieux sixième sens, ni un pouvoir réservé à quelques-uns. Elle se révèle quand nous devons prendre une décision immé-

Cessez de chercher à tout comprendre

diate, sans avoir le temps de rassembler les informations rationnellement nécessaires à cette prise de décision. Nous pouvons alors soit hésiter et tergiverser, soit sauter le pas. Mais, contrairement à ce que l'on pourrait croire, nous ne sautons pas dans l'inconnu : nous en savons beaucoup plus que ce que nous pensons savoir. Nous emmagasinons en permanence des tas de connaissances acquises par différents canaux – qui ne sont pas forcément ceux des transmissions classiques du savoir. Ces données sont en nous, elles ne remontent pas nécessairement à la surface de notre conscience, mais c'est en elles que puise notre intuition pour nous guider. Quand je « sens » que cette issue d'un problème sera heureuse, ou bien qu'au contraire, cette situation va dégénérer, je ne fais pas usage d'une boule de cristal, mais j'analyse en un éclair ces indices et ces informations que j'ignore posséder… et qu'il m'est donc impossible de vérifier.

En ce sens, l'intuition n'est pas irrationnelle, elle est même une forme de rationalité souterraine qui se déploie d'autant mieux que l'on se fout la paix. Que l'on accepte de s'écouter au lieu d'être dans l'obsession paralysante des vérifications infinies. Que l'on abandonne le rêve de vouloir tout savoir, tout contrôler, pour passer à un autre niveau de compréhension. L'intuition peut-elle être mauvaise conseillère ? C'est évident, de la même manière que nos calculs, aussi rationnels

Foutez-vous la paix !

soient-ils, ne nous mènent pas systématiquement vers des réussites !

En cultivant notre droit à l'intuition, en acceptant de ne pas tout comprendre, une troisième force se révèle à nous : la créativité. Elle n'est pas le pré carré d'une poignée d'artistes, elle n'est pas un don réservé à quelques-uns : nous la possédons tous en nous. Mais nous lui faisons barrage pour une raison toute simple : être créatif, c'est accepter de perdre ses points de repère pour changer. Or, nous sommes naturellement résistants au changement qui nous fait peur en raison de la part d'inconnu qu'il recèle. Nous transmettons notre immobilisme depuis l'école où, par prudence, par peur du lendemain, nous formatons nos enfants au lieu de les former, persuadés qu'ils seront plus à même de s'intégrer demain dans le marché du travail.

Étrange calcul en ce XXIe siècle où, du fait de la cadence des innovations technologiques, notre monde est en perpétuel mouvement, en perpétuel changement ! La formation d'aujourd'hui sera caduque demain, d'autres capacités, d'autres compétences seront nécessaires, auxquelles il sera beaucoup plus facile de répondre si l'on a été formé à rebondir, à s'adapter, à épouser les nouveaux enjeux. À quoi sert de lire *La Princesse de Clèves* ? À être plus humain derrière son guichet, plus compétent en dirigeant une équipe, plus efficace en naviguant d'un logiciel à l'autre. À être conscient de la complexité d'une situation et de ses ramifications. Donc à être créatif, que ce soit dans sa vie professionnelle, personnelle, ou ne serait-ce que devant ses fourneaux, à l'heure de préparer le repas ! Wittgenstein, le philosophe viennois, estimait que « dans tout problème philosophique sérieux, on doit toujours se tenir prêt à apprendre quelque chose de complètement nouveau ». Est-on prêt à sortir de notre immobilisme pour apprendre quelque chose de nouveau ? Prêt à être toujours désorienté pour mieux sauter ? Toute la question de la créativité est là.

Je compare volontiers cette démarche à l'apprentissage de la natation. On peut s'entraîner sur un tabouret, connaître à la perfection les enchaînements de chaque type de nage... mais cela n'a rien à voir avec le fait de se jeter à l'eau. Dans l'eau, il nous faut réinventer les mouvements appris sur le tabouret, faute de quoi, on est certain de couler. C'est exactement comme la vie, qui est un pari. Se foutre la paix, c'est se jeter à l'eau pour s'ouvrir à des possibles qui me rendront eux-mêmes encore plus créatif. C'est sortir des schémas, accepter de ne pas savoir, de ne pas contrôler.

10

Cessez de rationaliser
Laissez faire

> *Il ne faut jamais ouvrir le ventre du mystère.*
>
> René Char

Le projet de gagner en rationalité est évidemment formidable. C'est une manière de sortir du flou, de la superstition, des fausses croyances, du règne de la subjectivité et de l'émotion. C'est une possibilité d'élaborer un cadre pour vivre ensemble. Mais ce projet s'est déglingué.

Aujourd'hui, la rationalité cesse trop souvent d'être raisonnable. Elle joue contre l'exigence même de la raison. Tout mettre en ordre, tout comprendre, tout contrôler, considérer que dans la rationalisation figure la solution de tous les problèmes : voilà un handicap majeur de notre civilisation, d'autant plus paralysant que nous le considérons comme un atout. Nous avons beaucoup de mal à voir la folie que cache cette obsession...

Foutez-vous la paix !

La moindre décision, le moindre engagement doivent être bétonnés par les experts qui nous gouvernent en arguant de leur savoir, mais qui pourtant se trompent si souvent sur tout. Ils se trompent parce que le socle de leur pensée est beaucoup trop étroit. Par des technocrates qui prennent des décisions certes « réfléchies », mais déconnectées de la réalité, du cœur de la vie.

À force de vouloir tout calculer, ils finissent par s'enliser. Leur raisonnement semble logique, mais il ne fonctionne pas pour une raison qui me paraît évidente : ces experts comprennent théoriquement tout du problème, mais de manière abstraite, inhumaine, en le réduisant à un ensemble de données comptables. Noyés dans leurs calculs, ils n'ont pas le temps d'entrer en rapport avec lui, avec la vraie vie. Ils cessent même de s'interroger puisqu'ils détiennent toutes les réponses. Pour que la réalité, pourtant toujours bien plus complexe que tous nos calculs, entre dans le cadre bien défini de la réflexion logique, ils sont bien obligés de la simplifier. Ils sont bardés de diplômes prestigieux, on ne peut donc pas mettre en doute les *a priori* sur lesquels ils bâtissent leurs discours. Mais ils commettent une faute majeure contre la raison. Tout calculer n'est pas réussir à penser ! Que de fois, pétris de chiffres et de rationalité, ils se trompent lourdement parce qu'ils n'osent pas détourner leurs regards des colonnes de données ! Ils se disent alors pris par surprise : par les krachs boursiers, par les inondations, par les ruptures ou les trop-pleins, par les bonnes et les mauvaises nouvelles. Mais jamais, au grand jamais, nous ne les entendrons avouer : « Je n'ai pas su faire », ou bien « Je n'avais pas compris. »

Je ne suis pas plus ennemi des chiffres que de la rationalité, à la condition que ceux-ci ne cachent pas la complexité du réel, mais permettent au contraire de l'explorer avec l'humilité qui devrait être celle de tout être humain.

Je ne jette la pierre à personne – experts ou technocrates, nous le sommes tous, à notre mesure. Nous adoptons tous, chacun à son échelle, ce même schéma de pensée. Nous insistons pour que notre réalité tienne sur une colonne. Quitte à la forcer artificiellement, afin que la construction intellectuelle nous donne l'illusion d'être dans la bonne voie. Nous sommes les savants auxquels Paul, le disciple du Christ, lance qu'ils ne comprennent pas l'essentiel, ajoutant cette phrase que nous ne devrions jamais oublier : « La lettre tue, mais l'esprit vivifie » (2 Corinthiens 3, 6). Nos process sont en train de tuer la vie.

La rationalité conçoit que ce qui est vrai peut être compris selon l'ordre du calcul. Or, il existe bien d'autres manières d'avoir rapport à la vérité : le sens de la vie politique, de l'éthique, de l'art, des relations d'affection. Pourtant, tout ce qui constitue le socle de notre humanité commune est désormais liquidé. Au nom de la rationalité, sont mis en œuvre des mécanismes, des méthodes, des protocoles ne tenant en rien compte de la réalité humaine. On comprend que les taux de suicide, de dépression, d'angoisse chronique, de burn-out ne cessent d'augmenter dans les pays occidentaux. Il est temps de comprendre que ce n'est pas là « une mode », pour reprendre l'expression de l'ancien P.-D.G. de France Télécom, Didier Lombard, en septembre 2009, à propos de la vague de suicides qui touchait les salariés de son entreprise. Ce n'est pas non plus un problème psychologique touchant certains, mais la brutalité d'une rationalisation managériale qui n'a que faire de la santé physique et mentale de ses employés.

Se foutre la paix, c'est apprendre à se désintoxiquer du calcul, à se rendre compte de la violence, de la déshumanisation radicale qu'il implique. C'est permettre à une intelligence beaucoup plus profonde en nous d'exister. Une intelligence qui ne se pétrit pas dans notre seul cerveau, que ce soit le cerveau gauche, celui de la rationalisation, ou le cerveau droit, celui des émotions. Une intelligence qui a aussi besoin, pour être vraiment, de nos sens et de notre corps, de nos yeux et de notre cœur. Qui a besoin de la réalité, du monde. Qui a besoin de hauteur. Qui a besoin de prendre en vue le sort des êtres humains. Leur bien-être. Leur accomplissement.

Cessez de rationaliser

Entendons-nous : je ne déclare pas la guerre à la rationalité, je l'estime même indispensable. Quand j'ai des journées compliquées, je m'efforce, comme tout le monde, de les structurer du mieux possible, de « rationaliser » mon temps et mes déplacements, de préparer mes dossiers. Quand je suis malade, je consulte un médecin qui suit une démarche logique et rationnelle, basée sur des preuves. Mais je tiens aussi à me foutre la paix pour retrouver l'énigme de notre existence. Pour comprendre ce que signifie être un humain, hors des injonctions qui finissent par tout émousser et nous mettre en danger.

L'obsession de la rationalité est d'autant plus effrayante qu'elle ne répond plus guère à l'existence légitime de la raison, mais à la dictature de l'efficacité. La rationalité est là pour que tout soit soumis à cette puissance écrasante.

Je ne déclare pas, non plus, la guerre à l'efficacité : j'essaye moi-même d'être le plus efficace possible dans mon travail ! Par contre, je refuse que l'efficacité devienne une dictature, une injonction qui donne le *la* à toute mon existence. Il y a des choses pour lesquelles il est formidable d'être efficace. Et des situations où cette exigence est folle – par exemple, comment je m'occupe de mes enfants, comment je parle à cet ami, me promène dans un jardin à la tombée de la nuit. Il est fou de parler de « ramassage scolaire », de « gestion du temps de travail », de « ressources humaines ».

Foutez-vous la paix !

Gérons notre compte en banque, mais pas nos émotions ou nos enfants. Gérons un budget, mais pas les salariés d'une entreprise.

La méditation est en train de participer à cette rationalisation totalitaire. Méditer pour être plus efficace, plus rentable, n'avoir plus aucun état d'âme. Être conscient de tout pour mieux tout contrôler. Augmenter la productivité. Favoriser la déshumanisation. Faire qu'elle soit totale, mondialisée...

Arrêtons tout cela. Apprenons enfin à laisser jaillir la vie dans sa pure effervescence...

11

Cessez de vous comparer
Soyez vous-même

Fais fond sur ce que tu ressens, quand même tu serais seul à le sentir.
Henri Michaux

Depuis tout petits, la plupart d'entre nous se comparent aux autres, pour avoir des points de repère, pour se situer. Dans la cour d'école, nous nous jaugeons pour savoir qui est le plus grand, qui est le plus fort, hier pour lancer ses billes le plus loin, aujourd'hui pour atteindre tel niveau sur la console de jeux. En classe, on nous encourage à comparer nos notes, nos mérites. Adolescent, on se compare pour se rassurer. Adulte, pour se conforter.

Se comparer est une inclination naturelle chez l'être humain. Ce qui est problématique, c'est l'injonction paradoxale que nous subissons de manière croissante sous l'effet de la société de consommation : soyez comme tout le monde et

Foutez-vous la paix !

ne sortez pas du lot, mais, en même temps, soyez différent. « *Think different* » (« Pensez différemment »), comme nous l'intimait le fameux slogan d'Apple qui vend pourtant les mêmes ordinateurs, les mêmes tablettes et les mêmes téléphones à des dizaines de millions d'exemplaires, dans le monde entier. Différenciez-vous en faisant comme tout le monde !

Cette double injonction, d'une violence extrême, est connue par les psychologues sous le nom de *double bind*, la contrainte de deux injonctions opposées qui peut, à la longue, mener à des troubles psychiatriques sévères. Elle est le ressort du harcèlement moral, voilà qu'elle est devenue celui du marketing de toutes les marques et, plus globalement, celui du capitalisme de notre XXIe siècle. Nous nous laissons persuader qu'en achetant telle voiture, en portant telles chaussures ou en arborant tel sac, en fréquentant tel restaurant, nous sortirons du lot commun. Or, nous ne faisons que suivre un vaste mouvement moutonnier et participons encore plus à la dictature de l'uniformisation générale. Le plus terrible est que nous ne nous rendons pas compte que nous devenons des moutons : ne sommes-nous pas engagés à « penser différemment » ? Critiquer le capitalisme est devenu paradoxalement le ressort même du développement de l'inquiétante uniformisation du capitalisme actuel...

Cessez de vous comparer

À force de réfléchir et d'agir sous l'effet de cette double injonction, nous en arrivons à ne pas plus avoir idée de ce que nous voulons pour de bon, de ce que nous désirons, indépendamment de ce que veulent ou désirent les autres, indépendamment de la norme. Mon propos n'est pas de condamner, au nom d'un quelconque moralisme, notre tendance à nous comparer, ni même à « suivre le mouvement » : elle est, je l'ai dit, naturelle et, après tout, se comparer n'est, en soi, pas si grave.

Nous faisons partie de petits groupes ayant développé leur culture propre – par exemple un groupe de supporters d'une équipe sportive. On s'y intègre en partageant des références, un vocabulaire. On appartient à cette grande famille en adhérant à ses critères et à ses manières d'être et même de se vêtir. J'ai fréquenté des groupes, en l'occurrence des groupes de méditation. Mais peu ou prou, la culture de groupe l'emporte, une norme s'impose, il faut rentrer dans ce moule où l'on partage le même vécu, sous peine de rester « hors du coup ».

Ce qui n'est pas vraiment problématique à l'échelle d'un petit groupe fréquenté à des moments précis, pour une activité précise, et que l'on peut quitter pour rejoindre un autre groupe, se révèle oppressant quand nous n'avons plus la liberté intérieure de le quitter. Sans même nous en rendre compte, n'ayant pas d'autres repères,

Foutez-vous la paix !

nous nous retrouvons prisonniers d'une violence qui nous enferme. Nous cessons de nous questionner, d'hésiter, d'avoir des doutes. C'est tellement plus facile ! Même quand, au fond de nous, une petite voix dit « non », « non » à rester dans le moule, nous la faisons taire et nous suivons le mouvement. Nous avons peur d'être exclus, isolés, rejetés. Le problème devient particulièrement critique quand nous sommes ainsi prisonniers de la société tout entière.

Entendons-nous : je ne me situe pas dans une perspective de critique radicale de la société de consommation. Être « anti », c'est rester prisonnier de ce à quoi on s'oppose, déterminé par l'objet de la vindicte à l'égard duquel on perd toute liberté, toute latitude de se questionner et même de se réinventer. Être « anti » consiste exclusivement à s'opposer. Je me projette dans une vision plus constructive et plus en prise avec la réalité. Mon propos n'a pas la naïveté de croire pouvoir balayer la vague de fond moutonnière, mais de trouver le courage de voir l'ampleur du phénomène et de réussir ainsi à avoir un rapport plus libre à lui.

Je ne rejette pas la société ; je refuse la manière dont, en nous comparant les uns aux autres, nous sommes sommés d'être tous identiques, uniformisés. Je m'accorde le droit de porter des vêtements colorés s'ils me font du bien au moral, de taper du pied dans la fourmilière quand les codes de la biensénce voudraient que je mette des gants avant d'approcher les fourmis... D'être singulier, parce que nous sommes tous singuliers, et d'accepter que ma singularité ne soit pas une entité immuable, mais qu'elle évolue tous les jours en fonction des rencontres, des lectures, des expériences de la vie.

Qui suis-je ? Je l'ignore et je le redécouvre en permanence. Je me veux libre de me comparer et d'être moi, de suivre le courant ou de m'en tenir à l'écart, de me conformer ou de me singulariser. Libre de m'interroger pour savoir ce que je veux. Libre de ne plus m'acharner à étouffer mes fragilités et mes différences. Libre de m'aimer, à la manière décrite par Jean-Jacques Rousseau qui, déjà, critiquait cette maladie de nous comparer dont il voyait la source de notre perpétuelle insatisfaction : « L'amour de soi, qui ne regarde qu'à nous, est content quand nos vrais besoins sont satisfaits ; mais l'amour-propre, qui se compare, n'est jamais content et ne saurait l'être, parce que ce sentiment, en nous préférant aux autres, exige aussi que les autres nous préfèrent à eux, ce qui est impossible. Voilà comment les passions douces et affectueuses naissent de l'amour de soi, et comment les passions haineuses et irascibles naissent de l'amour-propre. » L'amour de soi dont il parle est ce que je préfère nommer la bienveillance envers soi, une bienveillance qui ne comporte pas la même charge émotionnelle que l'amour. C'est exactement l'idée de se foutre la paix... Je cesse de me juger, de m'évaluer, de me comparer, de devoir être comme ceci ou comme cela.

Si nous hésitons à franchir le pas et à nous libérer des mécanismes dont nous sommes prisonniers, tout en enviant au fond de nous ceux qui l'osent, c'est d'abord en raison d'une peur irrationnelle que nous portons en nous : la peur d'être rejetés, de nous retrouver seuls, à l'écart des autres. La peur de ne pas être acceptés parce que nous ne sommes pas comme tout le monde. La peur de nos différences et de l'inconnu qui s'ouvre à nous dès lors que nous acceptons de les assumer. J'ai eu peur, moi aussi. J'ai eu très peur que le fait d'assumer ce que je suis soit considéré, par mon entourage, comme une traîtrise.

Mes parents voulaient que je travaille avec eux dans la petite entreprise familiale de confection. Je n'en avais aucune envie. Ils souhaitaient que je fasse de bonnes études, que je me marie, que j'aie des enfants. Je n'ai rien fait de tout cela : je me suis tourné vers la méditation. Au début, ils ont cru que je rejoignais une secte et ils ont même cherché à contacter les renseignements généraux. Mais moi, j'avais trouvé ma voie. Celle qui me parlait, me passionnait. Celle que je voulais étudier. Je m'en foutais du « bon métier » qu'ils espéraient pour moi. Je n'ai pas roulé sur l'or. Pendant des années, j'ai enchaîné les petits boulots et vécu très chichement. J'avais de quoi manger, et cela

Cessez de vous comparer

me suffisait parce que je vivais la grande aventure. J'étais heureux...

Bien sûr, j'avais peur de décevoir. Personne ne pouvait comprendre ce que je faisais. La méditation semblait alors si étrange ! J'ai rencontré ma peur sans en avoir honte. J'en ai pris conscience et elle a cessé de me manipuler : elle s'est doucement laissée apprivoiser.

Je reconnais qu'en sortant du troupeau, on fait l'épreuve d'une certaine forme de solitude. Mais d'une solitude salutaire qui n'est pas l'isolement : elle est, au contraire, plénitude. J'ai apprivoisé la solitude, elle est devenue mon amie. Les premières fois, je l'ai crainte, je repoussais mes rendez-vous avec elle, conforté, par le tourbillon social, dans l'idée qu'elle me ferait perdre mon temps. Je l'ai quand même tentée, malgré mes appréhensions. Nous avons fait connaissance, je me suis familiarisé avec elle et, désormais, je m'offre régulièrement quelques heures ou quelques jours de retrouvailles avec elle. Parfois, pour me retrouver, je m'offre des heures vierges de toute activité : je ne me plonge pas dans un livre, je ne regarde pas un film, je ne range pas mes armoires. J'ouvre mes portes et mes fenêtres intérieures et je laisse la richesse de ces heures s'offrir à moi. J'habite la solitude et je commence à réentendre. Je tisse une relation réelle avec moi-même, et se révèlent à moi des choses que j'ignorais – ou que je refuse en général d'écouter. Je me découvre en communion avec moi, avec les autres, avec le monde.

Est-ce difficile ? Nous avons tous fait l'expérience de cette solitude qui ressource, qui soulage : quand nous nous promenons seul dans la nature, quand nous nous arrêtons le temps d'un après-midi de vacances pour nous poser sur une chaise longue, quand nous sortons de notre ronron habituel pour constater : « Je suis si bien ! » Mes parenthèses de solitude ne sont rien d'autre que cela. Une solitude incroyablement pleine, parce qu'elle est pétrie de convivialité avec ma propre existence...

Désapprendre les mécanismes ingérés depuis l'enfance pour s'empêcher de devenir soi n'est pas affaire de quelques semaines, ni de quelques mois. C'est l'œuvre d'une vie, une œuvre vouée à rester inachevée : au fond, je resterai toujours une énigme pour moi-même, une énigme dans mon rapport au monde, dans mon rapport aux autres. Le chemin vers soi n'est pas balisé comme une carte routière. C'est une aventure. Ses étapes, quoi qu'en disent les ouvrages qui se multiplient sur ce sujet, ne sont pas définies à l'avance. Les voies classiques de l'introspection sont des leurres. Être soi, ce n'est pas se définir, ce n'est pas une affaire expédiée par un test de personnalité chez un psychologue. Ce n'est pas s'étudier, c'est s'oublier.

Cessez de vous comparer

Regarder au fond de soi, c'est s'égarer à coup sûr. J'aime ce mot de Bernanos, dans la préface des *Grands Cimetières sous la lune* : « Se connaître est la démangeaison des imbéciles. » C'est le fruit d'un apprentissage qui devrait idéalement démarrer sur les bancs de l'école où les instituteurs seraient à l'écoute de la singularité de chaque enfant. Un apprentissage qui se poursuivrait à l'adolescence où l'on encouragerait chaque jeune à discerner en lui l'étincelle de joie qui l'anime. Quand il est heureux d'accomplir une tâche qui lui convient. Ces tâches qui nous épanouissent sont celles que nous réussissons le mieux. Mais on ne nous enseigne pas le lien de cause à effet entre joie et réussite... On nous explique au contraire que nous serons heureux si nous réussissons ! Mais que veut dire réussir ? Avoir de bonnes notes, plus tard un bon boulot et une grosse voiture ? Mensonges !

C'est parce que nous sommes heureux de faire ce que nous faisons que nous pouvons réussir : voilà un immense changement de perspective. En se foutant la paix, nous découvrons en nous des ressources que nous ne connaissions pas, des richesses dont nous ignorions l'existence et qui peuvent nous surprendre si, pour un moment, nous ne faisons rien. Si nous nous abandonnons à la situation pour commencer à coïncider avec elle...

Foutez-vous la paix !

Nous avons inauguré, dans notre système éducatif, des « centres d'information et d'orientation » qui accueillent les adolescents avec trop souvent une question : « Que veux-tu faire plus tard ? » Mais comment l'adolescent peut-il le savoir ? Quels moyens a-t-il de découvrir ce qui l'appelle avant d'entrer en rapport avec des situations réelles ? Avant d'ouvrir son regard sur le monde et de se laisser guider par ses propres aspirations ? Par ailleurs, lui accordons-nous le droit de s'engager sur un chemin singulier ? De s'écarter des autoroutes que tout le monde emprunte pour choisir sa propre voie, peut-être plus tortueuse, mais dans laquelle il s'engagerait passionnément, parce que c'est la voie qui lui convient vraiment ? À force de nous comparer, nous n'osons plus savoir ce que nous voulons vraiment, ce qui nous appelle, nous intéresse, ce que nous avons vraiment envie de faire. Nous restons dans une idée figée, fossilisée, de notre identité.

Cézanne, le fondateur de l'art moderne, aurait-il existé s'il avait refusé de s'écouter ? Il ambitionnait de peindre des tableaux à la manière de Poussin, l'un des grands maîtres classiques du XVIIe siècle. Il n'y est pas parvenu. Il aurait pu ranger ses pinceaux et faire autre chose de sa vie, il a préféré être fidèle à ce qui l'appelait et qu'il pouvait réussir. Son objectif n'était pas de se différencier ni d'être original, mais, plus prosaïquement, de retrouver le souffle de la grande peinture en s'appuyant sur l'expérience directe qu'il pouvait faire sur le motif. Refusé chaque année au Salon où les peintres exposaient leur travail, il a persévéré. Émile Zola, son ami d'enfance, lui reprochait de ne pas soigner l'expression de ses personnages et il l'a abandonné avec dureté. Les critiques d'art ne comprenaient pas son obsession à travailler les volumes plus que les détails. Cézanne a heureusement persisté dans la voie qui était sienne. Non pas dans l'objectif de révolutionner l'art, mais en faisant confiance à sa main tenant le pinceau. En se laissant appeler par son intuition.

Cézanne n'est pas devenu lui-même en étudiant le fond de son âme, mais en s'oubliant. En suivant son chemin. En faisant du mieux qu'il pouvait. En recommençant encore et encore. En regardant la montagne Sainte-Victoire, quelques pommes sur un buffet, sa femme assise sur une chaise. Toujours insatisfait et animé d'un désir toujours plus ample et profond de mieux libérer la réalité. Ce ne sont pas ses états d'âme qui lui importaient, mais l'épreuve de la peinture.

Être soi n'est pas une affirmation égocentrique de notre individualisme. Ce n'est pas, non plus, l'affirmation de notre singularité contre tous les ordres existants. Nous sommes, disait déjà Aristote, des êtres en relation, des êtres politiques. Être soi, c'est découvrir des liens, des obligations, des engagements.

Foutez-vous la paix !

Quand j'ai commencé à méditer, ma mère, que mon engagement énervait, me disait : « Je ne comprends pas pourquoi tu passes ton temps à te regarder le nombril. » Mais méditer, ce n'est pas se regarder le nombril, se préoccuper de son intériorité, mais c'est se préoccuper de la réalité qui nous interpelle, pour l'appréhender comme elle est. S'oublier pour s'ouvrir au monde. Se laisser être.

L'un des cycles de méditations que j'enseigne porte sur la confiance. Cesser de se comparer demande de la confiance ! Mais je n'entends par là ni confiance en soi, ni estime de soi. Personnellement, je n'ai pas confiance en cette entité appelée « moi ». J'ai confiance dans la profondeur de la méditation, parce que j'en ai perçu les fruits. Quand je prends la parole, j'ai confiance en ce que je dis, parce que je l'ai éprouvé.

La véritable confiance, celle que j'aime transmettre, est inconditionnée. C'est une confiance en rien, en mon humanité, en l'humanité en moi qui sait mieux que moi. Une confiance en la vie qui me permettra de trouver des ressources au cœur même de toute situation. C'est une confiance beaucoup plus radicale que la simple confiance en soi, un état d'être qui me permet de m'enraciner dans ma présence au monde. D'être, enfin...

12

Cessez d'avoir honte de vous
Soyez vulnérable

> *Soyez humain si vous voulez être original, plus personne ne l'est !*
>
> Max Jacob

J'avais onze ans, l'âge des amours innocentes et, pour moi, quelque peu compliquées : je tombais amoureux de garçons qui, eux, comme presque tous les garçons de la cour de récréation, aimaient les filles. J'avais douze ans quand, un jour, j'ai hurlé tout seul dans la cour de récréation. J'ai hurlé parce que je n'en pouvais plus de la dureté de ce monde où j'étais comme un ovni.

Mon seul rayon de soleil était le sentiment que j'éprouvais pour un camarade de classe. J'étais amoureux de lui et je lui avais confié que les filles ne m'intéressaient pas. Ce matin-là, je ne lui avais rien dit d'autre. On s'est regardés longuement. J'avais senti qu'à lui, je pouvais le dire. En effet,

Foutez-vous la paix !

il a continué d'aimer les filles, mais il ne m'a pas rejeté : je suis resté son ami.

Mais je ne pouvais pas le dire à tout le monde. Avec mes parents, c'était un jeu de dupes. Je pressentais que mon homosexualité serait, pour eux, la catastrophe. Ils en étaient, en effet, terrorisés et en parlaient parfois à table comme d'une maladie, une monstruosité pathologique. Je craignais de les heurter. Je ne voyais cependant pas vraiment où se situait le problème : être amoureux est l'une des plus belles expériences ! J'ai appris à taire ma différence, mais je continuais d'aimer, et j'en étais à chaque fois ébloui : quand on aime, on est pris dans une lumière, on n'est plus soi-même, on sort de soi pour rencontrer l'autre, on se redécouvre vivant...

Quand j'ai eu vingt ans, j'ai revu, par hasard, le camarade de classe de mes douze ans. Nous nous sommes souvenus de la scène dans la cour, il m'a dit qu'il savait alors que j'étais amoureux de lui. Il le savait, mais j'étais resté son ami. Il avait été marqué par mon courage à lui parler aussi directement et à lui faire ainsi confiance. De ce jour j'ai commencé à m'assumer vulnérable, fragile, trop sensible. Je n'ai plus cherché à cacher les larmes quand elles me montent aux yeux. Je n'ai plus cherché à m'endurcir à tout prix par crainte de recevoir des coups. Et j'ai commencé à rire de cet adage populaire qui nous enseigne que « le cœur se brise ou se bronze »...

Cessez d'avoir honte de vous

Lorsqu'on est frappé, blessé, trahi, nous tendons à nous endurcir. À ne plus vouloir nous ouvrir. C'est jeter le bébé avec l'eau du bain, renier une part de notre propre humanité. Il y a un autre chemin : trouver la force de ne pas s'endurcir.

« S'aguerrir et s'endurcir sont deux choses différentes. On confond beaucoup de choses par les temps qui courent. […] Je crois que je m'aguerris chaque jour, mais je ne m'endurcirai probablement jamais », écrit Etty Hillesum, en 1942, dans son *Journal*. S'aguerrir, c'est trouver une certaine forme de solidité pour continuer à prendre des risques, aimer, s'émerveiller, espérer. S'endurcir, c'est mettre des couches de béton sur son cœur et se refermer jusqu'à manquer la vie. C'est refuser la fragilité inhérente à l'être humain, constitutive de son humanité. C'est refuser d'être humain pour n'être plus que la carapace derrière laquelle on a décidé de se protéger, par manque de confiance en soi, en la vie, en se coupant automatiquement de tout ce qui nous entoure.

Ému par la fragilité de la rose, craignant qu'elle s'enrhume ou qu'elle soit agressée, le Petit Prince la mettait à l'abri sous un globe après l'avoir arrosée. Elle-même, ainsi protégée, le torturait par ses caprices toujours renouvelés. Jusqu'au jour de son départ quand la rose, le cœur enfin à nu, admet qu'elle a été sotte : « Il faut bien, lui dit-elle, que je supporte deux ou trois chenilles si je veux connaître les papillons. Il paraît que c'est tellement beau. Sinon qui me rendra visite ? Tu seras loin, toi. Quant aux grosses bêtes, je ne crains rien. J'ai mes griffes... »

Entendons-nous : accepter ses faiblesses ne signifie pas s'écrouler à tout moment en pleurs, ni abandonner ses griffes et se retrouver démuni quand approchent les « grosses bêtes ». S'autoriser à être sensible n'implique pas de se laisser submerger par toutes les souffrances du monde, mais se donner l'autorisation d'être secoué, ému, épouvanté, en colère contre l'injustice, le malheur et le mal. Être vulnérable n'est pas une faute : c'est une formidable capacité d'être touché. Mais nous avons honte d'être comme nous sommes. La honte est le visage social de la culpabilité. Nous nous sentons coupables d'être comme nous sommes, nous nous torturons pour essayer d'être « mieux », nous nous empoisonnons la vie. Au fond, de quoi devrais-je me sentir coupable ?

« Il ne faut pas se consoler. La vérité, c'est d'être inconsolable et heureux », écrit Henry Bauchau avec beaucoup de justesse. Inconsolable de toute la douleur, la nôtre et celle du monde. Être inconsolable, c'est faire la paix avec sa blessure et ouvrir ainsi la possibilité d'un bonheur profond et réel, tout à fait différent mais tellement plus beau que le bonheur caricatural qui nous est aujourd'hui tant vanté, qui implique d'avoir surmonté toutes ses failles, tous ses défauts. Être « bien dans sa peau » signifierait-il être lisse et sans vague aucune ? Balivernes ! Lequel d'entre nous ne porte pas ses faiblesses ? Tant qu'il les considère comme des faiblesses, elles continuent d'être des faiblesses, voire des handicaps. Si nous acceptons de les prendre à bras-le-corps, de les accepter, de les aimer même, elles se transforment en ressorts pour avancer. Être « bien dans sa peau », c'est être bien avec tout ce que l'on est.

La pratique de la méditation, assis, le dos ferme et solide, la poitrine tendre et ouverte, exprime avec justesse l'attitude que j'ai adoptée face à la vie. J'ai acquis de la solidité, mais je ressens de la tendresse. Il m'arrive de pleurer, mais quelque chose en moi tient au-delà des pleurs – précisément parce que pleurer ne me gêne pas. C'est une expérience que je peux vivre et qui me dit quelque chose que j'ai à écouter.

Voilà ce qui constitue ce que je nomme la troisième voie : ni rejeter sa vulnérabilité, ni en être écrasé. Regardez et vivez vos émotions avec douceur et humour. Le fait de les reconnaître, de les admettre, les empêchera de vous submerger. Vous êtes triste ou ému. N'ayez plus honte de le dire, de le vivre. Il est tellement vain de croire que nous pourrions supprimer telle émotion que nous ressentons, comme si nous avions le contrôle de tout ce que nous éprouvons ! C'est là une prétention insensée.

Foutez-vous la paix !

En devenant ami avec ma propre fragilité, j'ai découvert un fait que j'ignorais tant que je cherchais à me barricader : je ne suis pas le seul être sensible ou vulnérable. Nous le sommes tous, à des degrés divers. Nous le cachons plus ou moins car nous en avons honte. Nous vivons notre fragilité comme une tare, comme une expérience traumatisante, d'un manque d'amour ou de je ne sais quelle autre cause que nous essayons de faire remonter en surface en fouillant dans notre passé. Je l'ai fait aussi, imputant ce que je considérais être une faille au manque de présence de mes parents qui travaillaient très dur tous les deux jusqu'à des heures impossibles, week-end compris, et ne prenaient jamais de vacances. Je m'analysais, j'accusais, jusqu'à ce que j'aie fini par comprendre que la fragilité est inhérente à l'humanité. Elle est la dignité du cœur humain.

Finissons-en avec l'idée que les super-héros en acier existent, mais que nous n'en faisons pas partie ! Il y eut un temps où les super-héros eux-mêmes assumaient leurs fragilités, ils étaient des êtres humains incroyablement humains. Achille, le héros de la guerre de Troie, se met en colère d'une manière complètement déraisonnable, mais sa fougue lui permet aussi d'être l'incomparable héros grec d'une si délicate tendresse. Lancelot est amoureux de la femme du roi Arthur, ce qui ne l'empêche pas d'être le chevalier au cœur pur, prêt à braver aussi bien les dangers que les conventions.

Cessez d'avoir honte de vous

Perceval le Gallois est un jeune homme mal dégrossi, un peu frustre, mais dont l'innocence lui permet d'être libre des petits calculs et des stratégies étroites et de vaincre ainsi avec élégance.

Trop de nos héros contemporains sont des êtres sans fragilité ni failles. Iron Man et Robocop, par exemple, nous renvoient une image de l'héroïsme dénuée de sa dimension humaine. Ils sont, du reste, des héros, parce qu'ils sont des « machines impitoyables » plutôt que des humains. L'héroïsme qui consistait à laisser éclore toute son humanité est devenu aujourd'hui son absence totale. Le message qui nous est ainsi délivré est qu'il nous faut liquider en nous une vulnérabilité devenue honteuse...

Mais nos super-héros restent aussi, malgré tout et fort heureusement, le pompier en larmes après avoir sauvé un enfant d'une maison en feu. Ce pompier-là ne nous touche pas autant par sa vaillance que pour son moment de faiblesse, en ce qu'il réveille une part de notre humanité enfouie. Pourquoi nous obstinons-nous à nous refuser ce que nous admirons pourtant chez les autres ? Au milieu des flammes, ce pompier a révélé une solidité qu'il ignorait peut-être lui-même posséder. Aguerri, fort, il ne s'est pas endurci. Sans doute parce qu'aguerri, il s'est autorisé à exprimer la fragilité que nous réprimons. Derrière nos écrans, nous voyons celle-ci comme une grandeur.

Foutez-vous la paix !

Vingt-cinq ans de méditation m'ont aidé à admettre que ma différence, mes différences, mes difficultés ne sont pas une histoire et qu'il n'y a aucune raison d'en faire une histoire. Je ne me sens plus obligé de m'insérer dans une case bien lisible. Et je suis fier de vivre dans un pays où malgré la pression que j'ai décrite, j'ai la possibilité de vivre comme je l'entends. D'aimer qui je veux.

Comment faire, me demande-t-on régulièrement, pour réussir à surmonter cette honte que nous avons de notre fragilité ? Je vais être sincère : je ne dispose pas d'une recette magique, ni d'un plan bien ordonné dont il suffirait de suivre les étapes l'une après l'autre pour apprendre à s'assumer.

Ce serait contraire avec le sens même de ce que j'ai compris. Je dispose, en revanche, de l'exemple du cheminement de ceux qui ont pratiqué avec moi depuis une quinzaine d'années. Chacun à son rythme, avec son vécu, ses failles, ses peurs et parfois ses terreurs. Je les ai tous vus s'ouvrir à la joie de pouvoir être tels qu'ils sont, de se foutre la paix, au moins un moment. Je les ai vus comprendre que la méditation n'est pas une technique avec son mode d'emploi à suivre à la lettre. Elle n'est pas destinée à rendre plus efficace, ni plus solide, ni plus grand, ni plus autonome. Je les ai vus en accepter les aléas, prendre des risques, oser être qui ils sont, et se départir de la peur de ne pas y arriver. Je les ai vus apprendre à exister…

Cessez d'avoir honte de vous

L'épreuve de la pratique libère de bien des armures et des boulets inutiles. La méditation, pour cette raison, n'est certes pas toujours confortable ; elle est toujours libératrice. Elle est libératrice justement parce qu'elle ne nous fait pas entrer dans un moule. Elle ne nous demande rien. Elle ouvre un espace où nous sommes autorisés à nous foutre la paix. J'ignore s'il faut méditer tous les jours ou deux fois par semaine. Je sais seulement que la méditation est perdue d'avance si on l'installe dans notre vie comme une nouvelle consigne. Peu importe si vous n'arrivez pas à méditer certains jours. Si parfois, en vous asseyant, il vous arrive de vous lever aussitôt. N'essayez pas de relever un défi ou de tenter de réussir quoi que ce soit. Cette liberté, vous ne pourrez pas l'apprendre. Mais vous pouvez vous l'accorder. Elle s'offre à vous, mais il faut un peu de temps pour l'accepter.

13

Cessez de vous torturer
Devenez votre meilleur ami

> *Tout élément terrifiant est, au plus profond, une chose impuissante qui réclame notre aide.*
>
> Rainer Maria Rilke

« Quelle conne je suis, quelle conne je suis ! » C'était, il y a quelques années, dans le métro. Mais c'est tout le temps. Une femme qui, plongée dans ses pensées, venait de manquer sa station, s'est exclamée à haute voix ce que nous nous murmurons à longueur de journée, à la manière d'un mantra – avec des variantes : « Ce n'est pas fait pour moi » ; « Je ne suis pas à la hauteur » ; « Je suis nul(le) » ; « Je ne suis pas fichu(e) de... » et j'en passe.

Nous sommes notre pire juge. Une petite voix insidieuse en nous, dont nous ne nous rendons même plus compte, commente en permanence chacune de nos actions, chacune de nos pensées,

Foutez-vous la paix !

avec une sévérité dont nous serions incapables envers n'importe quelle autre personne. Avec une partialité, un acharnement qui ne tiennent plus de la critique, mais du harcèlement. La force de l'habitude aidant, nous ne prêtons plus attention à cette voix, mais elle est là, bien présente, en train de nous taper sur les doigts, de nous martyriser, de nous miner. Ce travail de sape fonctionne très bien. La preuve ? Nous nous sentons en permanence obligés de nous excuser, en démarrant une conversation, un courrier, un mail par : « Je suis désolé(e) », « Excusez-moi », « Pardon », « Je vous dérange, mais... » Une manière de dire : « Je sais que je ne vaux pas grand-chose à vos yeux. »

Un poème de T. S. Eliot décrit parfaitement l'enfer dans lequel nous savons si bien nous plonger :

« Quel est ce moi intérieur, observateur silencieux,
Critique sévère et muet, qui nous épouvante ainsi
Et nous pousse à la futile agitation,
Puis, à la fin, nous juge encore plus sévèrement
Pour les erreurs où ses reproches nous ont jetés. »

Nous nous observons, nous nous jugeons, du coup nous échouons. Et nous voilà avec de nouvelles raisons de nous en vouloir.

Cercle vicieux et sans issue. Cruauté redoutable de ce « moi intérieur » qu'il nous faut apprendre à mettre, au moins momentanément, en veilleuse...

Quand il nous arrive de nous élever contre cette voix, nous traitons le mal en passant à une étape supérieure de harcèlement, nous doublons, en quelque sorte, la mise : « J'ai été stupide de croire que ça ne marcherait pas » ; « Je suis bête de penser que je suis bête... » Nous nous enlisons dans des miasmes, nous nous prenons dans nos propres filets, et cette méthode Coué que nous nous appliquons scrupuleusement nous empêche de progresser – à la manière d'un enfant à qui l'on répéterait en permanence qu'il est nul et qui, finissant par s'en convaincre, verrait toute volonté et toute envie de mieux faire l'abandonner.

Il est beaucoup plus rare que nous osions nous congratuler, et c'est alors en prenant beaucoup de précautions : « Pour une fois, j'y suis arrivé » ; « Comment se fait-il que j'aie réussi ? » ; « Incroyable, j'ai gagné ! »

Les vieilles méthodes éducatives nous ont profondément marqués de leur empreinte : on ne dit pas à un enfant qu'il est beau, « il deviendra intenable ». On ne félicite pas un membre de son équipe qui a réussi à boucler un dossier compliqué, « il relâchera ses efforts et demandera une augmentation, voire une promotion ». À moins d'un sans-faute, on s'abstient de dire « très bien » à un élève : il ne cherchera plus à mieux faire, il dormira sur ses lauriers.

Nous sommes persuadés que les progrès ne peuvent s'effectuer qu'en maintenant la tension. Grave erreur ! Des méthodes pédagogiques moins violentes ont prouvé que lorsqu'on aide un enfant

Foutez-vous la paix !

à mettre en valeur les qualités qu'il possède, il va se détendre et trouver les ressources en lui pour « mieux faire ». À force de nous critiquer sans jamais oser nous féliciter, nous nous dénigrons. Nous finissons par nous convaincre réellement de notre incapacité. Nous étouffons l'allant qui est en nous. Montaigne a raison : « Dire moins de soi qu'il n'y en a, c'est sottise, non modestie. »

Je le sais d'autant mieux que je me suis longtemps auto-flagellé, en particulier pour mon impatience. Je n'en devenais pas plus patient, mais j'en étais mortifié. Le « Quelle conne je suis ! » de la femme dans le métro avait été, pour moi, un déclencheur. En m'observant, j'ai fait l'épreuve de la dureté, de la tyrannie, de la violence que j'exerçais à l'encontre de moi-même.

J'ai compris que cette violence ne se manifeste même plus comme une violence : nous la percevons comme étant tout à fait normale. J'ai fini par avoir de la tendresse pour cette personne en permanence rabrouée par moi-même. Par éprouver un peu de bienveillance pour ce moi que je soumettais à des injonctions, des critiques permanentes. J'étais bête d'avoir oublié mon parapluie, stupide d'avoir mal agencé mon emploi du temps, idiot d'avoir laissé mon téléphone en mode silencieux, paresseux pour n'avoir pas couru assez vite et manqué le métro – alors que la rame suivante arriverait deux minutes plus tard.

Cessez de vous torturer

Faisons, dans un premier temps, l'épreuve de cette violence : observons-nous au quotidien, constatons l'ampleur du harcèlement que nous nous infligeons avant de chercher une solution pour nous extraire de cette atmosphère que nous empoisonnons autour de nous. Comptons, tout simplement, le nombre de fois où nous nous rabrouons, où nous nous insultons, en une seule journée.

La deuxième étape consiste à agir avec nous-mêmes exactement comme avec un vrai ami, c'est-à-dire avec beaucoup plus de bienveillance que nous en avons pour nous-mêmes. Il ne s'agit donc pas de chercher à s'aimer soi-même en se regardant par exemple pendant des heures dans une glace, en se faisant des compliments à n'en plus finir, mais d'avoir une attitude douce et bienveillante envers soi. De se laisser être. Quand un ami commet une gaffe, on le lui dit sans avoir besoin de le cogner ni de l'assommer ni de lui répéter dix fois de suite que cette gaffe était magistrale, fatale. On discute avec lui de la manière de la réparer, des moyens qu'il pourrait mettre en œuvre pour s'améliorer et ne pas récidiver. On ne le culpabilise pas jusqu'à la fin de ses jours pour cette erreur, on ne lui répète pas « tu aurais dû ». On le félicite quand il le mérite, on l'apaise quand il s'est violenté, on l'aide à guérir ce qui est blessé en lui. On ne lui reproche pas en permanence ses

Foutez-vous la paix !

défauts. Au fond, on l'apprécie avec ses défauts, voire à cause d'eux !

Telle est l'attitude que nous devons avoir envers nous-mêmes, quand nous devenons notre meilleur ami. Mais cette deuxième étape est généralement mal comprise. On croit qu'avoir de la bienveillance pour soi consiste à se congratuler, à être gentil avec soi-même de manière naïve, à se consoler et à se réconforter toute la journée de manière narcissique, à s'offrir telle robe ou à manger du chocolat « pour se faire du bien », comme nous le conseillent un certain nombre de gourous en développement personnel. Or, me répéter que je m'aime et me féliciter parce que j'ai oublié mon parapluie malgré le ciel menaçant est une attitude grotesque et sans effets. On n'a pas plus de bienveillance pour un enfant quand on le rabroue en permanence, que quand on lui passe tous ses caprices sans jamais lui adresser le moindre reproche.

En se foutant la paix, la dureté que nous exerçons envers nous-mêmes nous apparaît dans toute son évidence. Je m'engueule, j'ai été éduqué pour m'engueuler tout le temps. En prendre conscience me fait sourire, rend l'engueulade moins lourde, moins sévère. C'est, en effet, risible.

Aussi risible que ces « j'aurais dû » dont nous ponctuons chaque instant de notre existence, nous accrochant à un passé qui a été et que nous ne pouvons plus changer, au lieu de déployer notre énergie à partir de la situation présente, telle qu'elle est. Oui, j'aurais dû prendre mon parapluie. Je ne l'ai pas pris. Est-ce vraiment utile que je passe ma journée à me flageller ? Mon parapluie apparaîtra-t-il magiquement entre mes mains ? Je m'engueule tellement que je passe à côté du marchand de parapluies sans le voir. Je suis trop occupé à me mortifier...

« Je me fous la paix » est, au-delà de l'apprentissage, un mantra qu'il est indispensable d'apprendre à répéter dès que nous nous sentons replonger dans le côté obscur des mécanismes qui nous gouvernent. Un contre-mantra face au mantra « je suis nul(le) » qui nous revient quasi automatiquement, en toutes circonstances. Je ne suis pas nul(le), je ne suis pas un prodige, je m'accepte inconditionnellement comme je suis, pour pouvoir, à partir de là, voir ce que je peux faire, ce que je peux améliorer. Oui, je suis étourdi, impatient ou nerveux. Par le fait même de m'accepter, de rire de ce que je suis, je deviens moins étourdi, moins impatient, moins nerveux. La bienveillance que je réveille en moi est le plus efficace des contre-poisons.

Entrer en amitié avec soi est un travail difficile, tant il nous faut nous défaire de mécanismes incrustés en nous. Ce travail n'est pas de l'ordre de la compréhension : peu importe pourquoi je m'en veux, pourquoi je suis colérique ; je constate que je le suis. Je ne cherche pas à analyser, j'apprends

Foutez-vous la paix !

à dire bonjour à la réalité. Je ne cherche pas non plus à m'évaluer : cela signifierait me situer sur une échelle, me comparer à une norme qui n'existe pas. Je considère tout simplement avec douceur et bienveillance ce que j'éprouve, comme je l'éprouve.

Dans notre culture occidentale, nous sommes particulièrement victimes de la violence contre nous-mêmes : nous sommes devenus des experts à nous faire souffrir. C'est d'ailleurs le principal écueil auquel s'est heurtée la transmission de la méditation en Occident : les premiers maîtres orientaux venus chez nous d'Inde, du Tibet, du Vietnam ou du Japon n'ont pas pris la mesure de l'étendue du manque de bienveillance qu'un Occidental a envers lui-même. Ils n'ont pas compris notre difficulté à devenir ami avec soi, une attitude beaucoup plus banale dans leur propre culture – confrontée, par contre, à d'autres types de difficultés.

Je ne me lasse pas de raconter cette incroyable histoire. À la fin des années 1980, le Dalaï-lama avait invité plusieurs enseignants occidentaux de méditation à Dharamsala, en Inde, où il réside. À sa manière habituelle, il a commencé par leur poser une question : quelle est la principale difficulté qu'ils rencontrent pour transmettre la méditation ? Après réflexion, ils ont tous convenu que cette difficulté réside dans la dureté que s'infligent les Occidentaux. C'est ici que l'histoire devient surprenante : le Dalaï-lama n'arrivait tout simplement pas à comprendre leur propos. Le traducteur s'y essayait pourtant de diverses manières et finalement, le Dalaï-lama a saisi le sens de leur réponse. Il en fut estomaqué : « Mais tout être humain devrait connaître la bienveillance ! » s'écria-t-il. Pour lui, pour le bouddhisme dans lequel il avait été élevé, la compassion est essentielle. Une compassion envers tous les êtres vivants... y compris soi-même.

Nous partons ici avec un handicap : notre croyance en la méchanceté fondamentale de l'homme qui surgit avec l'invention biblique du péché originel, et s'amplifie, à partir du XVIIIe siècle, avec le mythe de l'homme égoïste et mauvais au cœur de la pensée politique (à travers Hobbes), de la pensée économique (à travers Adam Smith), de toute la pensée démographique (avec Malthus), de la psychanalyse de Freud. Nous sommes convaincus que nous sommes des êtres mauvais, que nous devons nous censurer en permanence pour éradiquer le mal en nous. Si nous avons tant de difficultés à nous foutre la paix, c'est justement parce que nous craignons de nous faire confiance. Méfiance ! Si je me fous la paix, je découvrirai un monstre effroyable en moi.

Cette conviction est quasiment notre table de la loi : tout, pensons-nous, est mû par l'égoïsme, l'envie et la jalousie. Surtout, nous ne devons jamais nous relâcher. Nous en sommes aveuglés.

Incapables de voir qu'à côté de la méchanceté, dont nous n'avons pas la naïveté de nier l'existence, il existe aussi, au fond de nous, une capacité de bonté, de générosité possible, qui coexiste avec la capacité du mal. L'homme n'est pas systématiquement un loup pour l'homme : cette simplification hâtive de la réalité, de notre complexité, nous amène à vivre en permanence sur la défensive. À nous miner.

Quand j'ai reçu la pratique de la méditation, l'accent était mis sur la nécessité de la compassion – envers autrui. La bienveillance envers soi-même était, et reste, l'un des grands tabous de notre société. Il reste admis qu'apprendre à être moins dur avec soi, devenir son propre ami, en finir avec le culte de l'auto-flagellation et de la culpabilisation à outrance est une forme d'égoïsme, voire un luxe de nanti. Pourtant, au fond, l'égoïste, plutôt que de trop s'aimer, s'aime trop peu. Ce manque d'affection pour soi engendre vide et frustrations compensés par une avidité sans fin à obtenir des satisfactions. L'égoïste est un enfant immature qui a besoin de l'autre pour obtenir ce qu'il ne parvient pas à trouver en lui. À commencer par l'amitié pour soi.

Nous partons avec un handicap : l'ego qui est notre poison et dont nous avons fait un instrument de torture. Du moins, l'ego avec le sens que nous lui donnons et que nous exprimons dans des phrases culpabilisatrices comme : « C'est mon ego » ; « Tu as un ego surdimensionné » ; « Il flatte son ego. »

Cet ego-là n'est pas celui de la philosophie occidentale, il n'est pas l'*ego cogito* de Descartes, « une chose qui pense, c'est-à-dire qui doute, qui affirme, qui nie, qui connaît peu de choses, qui en ignore beaucoup, qui veut, qui ne veut pas, qui imagine aussi, et qui sent » (*Méditations métaphysiques*). Cet ego, Descartes l'appelle indifféremment « esprit », « entendement » ou « raison », et il considère qu'il n'existe qu'à travers la *cogitatio*, en doutant, en pensant, en se questionnant.

Il n'est pas, non plus, l'ego du bouddhisme qui, en réalité, n'existe pas : quand ce terme est utilisé, c'est pour montrer que nous n'avons pas besoin de nous identifier à nos identités toujours provisoires et relationnelles. Autrement dit, s'il y a un moi, il n'est que relationnel et relatif ; la vérité de votre être n'est pas un ego étroit, mesquin et coupable dont vous devriez avoir peur pour le reste de vos jours, mais le non-ego !

Par contre, l'ego tel que nous l'entendons en Occident est une sorte de moi personnel et psychologique, une vitrification du moi. Un moi solidifié. Un moi coupable d'être. Coupable avant même d'avoir dit ou fait quoi que ce soit. Il est l'exclamation de cette kinésithérapeute que je remerciais pour les soins qu'elle m'avait prodigués et qui m'avait répondu : « C'est grâce à la méthode que j'applique et que j'aime aujourd'hui

Foutez-vous la paix !

transmettre. Les personnes que je forme sont excellentes elles aussi. Mais là, c'est mon ego qui parle... » J'étais ahuri. Pourquoi avait-elle besoin de se justifier, de s'excuser pour l'excellence de la méthode qu'elle appliquait si bien et transmettait sans doute tout aussi bien ? Pourquoi cette violence gratuite envers soi ?

Nous sommes très maladroits avec nous-mêmes. Nous croyons bien faire mais nous nous cognons la tête contre un mur. Nous nous emprisonnons dans la soupe culpabilisante qui nous est servie avec la notion d'ego. Nous devenons cet homme enfermé dans une pièce que décrit le philosophe Ludwig Wittgenstein. Cet homme cherche à sortir. Il essaye d'abord par la fenêtre, mais elle est trop élevée. Il essaye ensuite par la cheminée, mais elle trop étroite. Il est désespéré. Pourtant, il n'aurait qu'à se retourner pour constater que la porte n'a jamais cessé d'être ouverte. Se foutre la paix, c'est justement se retourner et sortir de sa prison sur-le-champ.

Ce manque abyssal de bienveillance qui ronge nos existences et notre société m'a amené à pratiquer et transmettre, à côté de la pleine présence ou la présence attentive, des méditations sur la bienveillance aimante. Elles sont les deux ailes d'un oiseau : quand je rentre dans le moment présent, je suis pleinement disponible, ouvert, attentif à ce qui est, comme c'est ; cette pleine présence recèle une dimension de tendresse, d'amitié, d'apaisement, une dimension d'amour qui la rend forcément bienveillante.

Cependant, dans notre culture où il est déjà fort suspect d'éprouver de la bienveillance envers soi, la pratique de l'amour bienveillant (ou de la bienveillance aimante) suscite parfois quelques réticences. Nous la considérons comme une forme d'égoïsme, alors que c'est, au contraire, un acte d'héroïsme que de s'accepter pleinement, d'éprouver de la tendresse pour soi, malgré nos défauts, avec nos défauts. C'est en les acceptant qu'ils se transforment. Mon impatience ne s'est pas dissoute avec la méditation : elle reste en moi, mais elle ne me domine plus. Je ris souvent d'elle…

Je voudrais dire ici un mot de la voie royale pour se réconcilier avec soi-même, devenir son meilleur ami et s'ouvrir au monde dans une approche plus sereine : la pratique de l'amour bienveillant. Dans cette forme de méditation, on invoque délibérément de la bienveillance envers soi en revivant un moment où l'on s'est senti vraiment aimé. Quand on cherche bien, on comprend qu'il ne s'agit pas forcément d'un moment de passion amoureuse, mais plus souvent d'un épisode qui, vu de l'extérieur, semblerait anodin. En ce qui me concerne, c'est un épisode de mon adolescence.

J'avais treize ou quatorze ans. Comme beaucoup d'ados, je n'étais pas très bien dans ma peau, me sentant étranger dans ce monde bizarre. Je passais mes vacances chez mes grands-parents qui habitaient un petit village du sud de la France. Je nourrissais une tendresse particulière pour mon grand-père surtout depuis qu'il était un jour entré dans ma chambre où je me livrais à mon occupation favorite, dessiner, et qu'il avait regardé mes dessins avec curiosité. Ce fut pour moi une révélation. Mes parents, qui me laissaient acheter autant de couleurs et de papier que je le voulais, n'avaient jamais pris le temps de s'arrêter pour regarder ce que j'en faisais. Et quand je partais en vacances, sous prétexte de ranger ma chambre, ils mettaient tout à la poubelle. Ils ne le faisaient pas par méchanceté ; je le ressentais néanmoins comme un acte de violence. Depuis que mon grand-père avait regardé mes dessins, mon propre regard sur mes dessins avait changé.

J'étais donc en vacances chez mes grands-parents, c'était le début du printemps, je marchais avec mon grand-père et, d'un coup, comme quand j'étais enfant, j'ai eu besoin de lui prendre la main. Nous avons avancé ainsi quelques mètres, sans parler. Je n'avais plus l'âge de tenir la main d'un adulte, je réalisais l'incongruité de la situation. Mais je sentais qu'avec cette main, j'étais enfin autorisé à être comme je suis. Mon grand-père a pris ma main tendrement. J'ai ressenti son amour. Un sentiment de soulagement profond m'a envahi.

Cette expérience reste pour moi l'image de la bienveillance. Ma main blottie dans celle de mon grand-père pendant une fraction de minute. Dans la pratique, je consacre quelques minutes à me remémorer la situation et à en sentir la bonté. Je m'autorise à revivre le soulagement que j'avais éprouvé. Je tente ensuite de sentir les qualités de cette expérience, la chaleur, l'ouverture, le soulagement, indépendamment de son contexte. C'est alors que je peux diriger mon affection vers mes proches et, plus largement, vers le monde. En développant d'abord la bienveillance pour soi, je découvre la radicalité surprenante de la bienveillance aimante et je l'étends.

C'est seulement en me reconnaissant le droit d'être tel que je suis que je reconnais pleinement aux autres, à l'humanité, au monde, le droit d'être tels qu'ils sont...

14

Cessez de vouloir aimer
Soyez bienveillant

> *Ceux qui sont en quête d'amour ne font que manifester leur propre manque d'amour, et les sans-amour ne trouvent jamais l'amour. Ne le trouvent que ceux qui sont aimants, et ils n'ont jamais à le chercher.*
>
> D. H. Lawrence

Ma grand-mère m'aimait beaucoup. En tout cas, elle me le répétait chaque fois qu'elle me voyait. Elle était sincère, je n'en doute pas. Son « je t'aime » était systématiquement suivi de la même litanie : elle me demandait de l'appeler plus souvent, de ne pas oublier de prendre rendez-vous avec mon cousin et puis avec mon oncle qui, disait-elle, m'aimaient tant, de prendre de ses nouvelles plus régulièrement – chose que je faisais, en petit-fils attentionné. Il fallait aussi que je me coupe les cheveux, que j'arrête des études aussi inutiles que la philosophie... Son amour était merveilleux, mais il était aussi une torture tant il faisait peser sur mes épaules une énorme culpabilité : je faillais à tous mes devoirs.

Sans arrière-pensées ni méchanceté aucune, ma grand-mère répétait ce « si » qui nous vient souvent aux lèvres : « Si tu m'aimes... lave-toi les mains, sois sage, termine tes devoirs, etc. » Elle y mettait tout son amour, j'y voyais un amour conditionnel... Au fond, elle n'a jamais vu qui j'étais, et n'en avait du reste rien à faire. Son amour était profond, elle me souhaitait le meilleur, mais le meilleur dans sa perspective à elle.

J'ai compris bien plus tard que ma grand-mère n'avait jamais pu faire la paix avec sa propre solitude : elle me demandait de la libérer de ce poids, et c'était évidemment impossible. Quoi que je fasse, je ne pouvais pas répondre à son attente.

J'étais au lycée, j'avais un professeur de philosophie avec qui il m'arrivait de prendre un café. Nous étions un jour à la terrasse d'un bistrot quand j'ai été saisi par une évidence : cet homme était heureux que je sois comme je suis. Il m'aimait en ce sens profondément. Si je lui avais dit que j'étais touché de la manière dont il m'aimait, cela n'aurait eu aucun sens pour lui. Il ne le pensait pas en ces termes chargés d'affects, nous étions juste contents d'être ensemble, cet après-midi-là, à la terrasse de ce café.

Cessez de vouloir aimer

Nous employons trop souvent le mot « amour » sans aucune bienveillance. Mais souvent aussi, l'amour se manifeste sans être dit : il est bienveillance. Ce mot a été tellement galvaudé que son usage s'est compliqué et donne lieu à bien des malentendus. Il en devient terrorisant. Nous le répétons à longueur de journée, à condition qu'il ne soit porteur d'aucune signification réelle. Par contre, nous le refrénons quand il demande à jaillir de nous. Nous le percevons alors comme des menottes, nous craignons que ce ne soit pas tout à fait vrai, que l'on se moque de nous, que l'on nous rejette, que l'on étouffe ou que l'on soit étouffé. Au fond, ceux qui n'évoquent pas spontanément le mot amour pour qualifier votre relation (par exemple, mon professeur de philosophie avec qui je prenais un café) sont parfois les plus aimants au sens propre du terme, c'est-à-dire ceux qui se réjouissent sincèrement que vous soyez comme vous êtes et qui vous souhaitent de toujours mieux être celui que vous avez à être.

Cessons de vouloir aimer et nous forcer à dire un « je t'aime » artificiel ou conditionnel ou convenu à tout bout de champ. Soyons bienveillants. C'est ainsi que commence l'amour. Quand on se sent autorisé à être vraiment soi-même. Quand on découvre que l'on est davantage soi-même auprès de l'autre. Quand on veut l'autre comme il est. Quand on se réveille avec un nouveau rapport à la vie. Quand on peut lâcher prise.

Foutez-vous la paix !

L'amour est difficile. Car c'est toujours une sorte de grâce. Pourquoi je t'aime ? Je peux bien sûr établir une liste des raisons. Heureusement, elle ne dit rien de l'essentiel. Au fond, je ne sais pas pourquoi je t'aime, et c'est pourquoi je t'aime. Je t'aime parce que tu es qui tu es. C'est simplement le fait que tu sois qui me comble, m'apaise, me réjouit.

Je t'aime parce que tu es. Mais ce qui devrait te réjouir t'inquiète. Tu as du mal à accepter que tu n'as rien à faire. Qu'il te suffit de te foutre la paix pour découvrir l'art d'aimer...

15

Cessez de discipliner vos enfants
La méditation n'est pas de la Ritaline

> *On a frappé à toutes les portes qui ne donnent sur rien et la seule par où l'on peut entrer et qu'on a cherchée en vain pendant cent ans, on s'y heurte sans le savoir et elle s'ouvre.*
>
> Marcel Proust

J'étais chez une amie quand sa fille, une préadolescente pétillante de vie, est rentrée de l'école. Elle avait sans doute mille histoires à raconter à sa mère et ne savait par où commencer, elle sautillait de bonheur et son emballement faisait plaisir à voir. Mon amie ne l'a pas laissée aller plus loin : « Il faut que tu médites », lui a-t-elle dit. Et sa fille de s'écrier : « Mais maman, je suis calme ! »

Cette vision de la méditation m'a bouleversé. Je l'ai même trouvée, et je pèse mes mots, monstrueuse. Je reçois parfois des parents qui viennent à moi se plaindre du tempérament colérique de leur enfant ou de ce qu'ils considèrent être son incapacité à se concentrer. Ils me demandent, en gros, de pratiquer quelques séances de méditation avec cet enfant et de le leur rendre sage comme une image. Ceux-là, je les renvoie à l'agressivité de leur démarche : En fait, leur dis-je, vous voulez un enfant atrophié ? Le même, mais sans tout ce qui dépasse et ne vous plaît pas ? Un enfant à la carte ?

Quand, parce qu'il est énervé, nous intimons à un enfant l'ordre de se retirer dans sa chambre jusqu'à ce qu'il se calme, nous sous-entendons que, dans la solitude, il va réfléchir à son comportement et comprendre qu'il a mal agi. Ce n'est évidemment pas ce qui se produit dans la réalité : l'enfant va s'isoler, mais il va ressasser l'injustice de cette punition et se désoler, non pas de son comportement, mais de l'attitude de ses parents. De ce point de vue, la punition n'aura servi à rien : l'enfant continuera de s'énerver, et ses parents de le punir[1]. Lui demander de méditer pour se calmer rentre exactement dans cette même logique... Or, d'une part, la méditation n'est pas un exercice d'introspection. D'autre part, « faire méditer » un enfant est une aberration : on ne le « fait » pas méditer, on médite avec lui. La médi-

---

1. Voir les travaux du Dr Daniel Siegel et en particulier *La Discipline sans drame*, éd. Les Arènes, 2016.

tation n'est pas un projet sur mon enfant, mais un état de présence que nous partageons ensemble, ce qui offre une tout autre perspective sur la pratique.

Je le dis une fois pour toutes : la méditation n'a pas pour vocation à rendre plus calmes les adultes ni, a fortiori, les enfants. Elle n'est pas là pour les empêcher d'être des enfants, mais, au contraire, pour les autoriser à être des enfants, à se ressourcer, à vivre, à s'épanouir à l'heure où nous mettons une incroyable pression sur eux et où nous ne savons plus ce que signifie être un enfant.

Une séance de méditation n'équivaut pas à un cachet de Ritaline. Elle ne calme pas, mais elle apaise. Un enfant calme, c'est un enfant qui n'est pas turbulent selon nos critères, c'est-à-dire un gamin qui joue seul dans son coin sans déranger notre propre quiétude. Être apaisé signifie que les tensions et les conflits n'ont plus d'espace pour être. La discipline de la pratique ne consiste pas à faire entrer l'enfant dans un moule « enfant sage », mais à inventer une meilleure manière d'entrer en relation avec lui, tel qu'il est, sage ou pas. Elle développe en lui la curiosité pour ce qu'il est, dans le monde qui l'entoure, dans le moment présent. Et elle n'a d'autre but que l'autoriser à être.

Les récentes recherches sur le cerveau de l'enfant ont montré les dommages causés sur lui

Foutez-vous la paix !

par la violence ordinaire : sous l'effet du stress, le développement des neurones se modifie, les connexions interneuronales s'organisent différemment, certaines peuvent s'atrophier et disparaître (par exemple celles qui interviennent dans le contrôle des émotions, des capacités relationnelles, de l'empathie). Le cerveau se « grippe » en quelque sorte, comme sous l'effet d'un usage régulier de psychotropes. Physiologiquement, le stress appelle le stress et la violence entraîne la violence. Or, les pressions du « peut mieux faire », les injonctions dont nous bombardons nos enfants, sont une forme de violence et une immense source de stress pour eux[1].

Nous n'avons plus le droit, maintenant que nous le savons, de ne pas relever le défi d'inventer une nouvelle forme d'éducation bienveillante – et la méditation peut participer à ce renversement copernicien après des siècles d'éducation coercitive. À lieu de considérer que l'enfant est « notre » enfant et qu'il doit donc répondre à « nos » projets, regardons-le comme un ami ou un invité avec qui on fait un effort pour se relier, sans jugement préalable ni parti pris, mais avec bienveillance. On ne demande pas à un invité d'être à notre image ni de correspondre à notre projet !

---

[1]. Voir Dr Catherine Gueguen, *Pour une enfance heureuse : repenser l'éducation à la lumière des dernières découvertes sur le cerveau*, éd. Pocket, 2015.

Se foutre la paix n'est pas non plus une injonction au laxisme. Bien sûr que l'enfant doit grandir, apprendre, obéir à des règles : l'absence de règles est aussi angoissante que leur accumulation ! L'aider à avancer, avec bienveillance et respect, ne signifie pas lui passer ses caprices, le laisser ne pas se laver s'il n'en a pas envie, ne pas étudier si ça l'ennuie. Mais il existe une autre manière de l'amener à jouer à ce jeu. Couper court et rompre la relation en l'enfermant dans sa chambre n'est pas une solution. Lui répéter le sempiternel « ça ne va pas », non plus. Être bienveillant et respectueux avec son enfant ne consiste ni à être gentil avec lui ni à le torturer, mais à détendre toute situation pour qu'elle devienne une danse : j'entre en rapport avec mon enfant, je vois les choses avec lui, plutôt que contre lui. Je lui donne les règles du jeu, je lui explique ce que j'attends de lui, ce que la société attendra plus tard de lui. Je l'aide à affronter la vie, plutôt que de le torturer pour qu'il entre dans ma vie. Je comprends mieux ce qui le touche, ce qui le blesse, ce qui l'émeut. Je vois sa réalité, je l'entends et j'interagis avec elle. Je discerne ce qu'il est, et je comprends. La méditation est un geste d'amour où je l'autorise à être absolument ce qu'il est.

Entraîner un enfant à méditer, c'est aussi lui apprendre le sens véritable de l'attention, celle qui se déploie lorsque l'on n'est pas sous la tension et la pression – d'Internet, d'un jeu vidéo, d'un

Foutez-vous la paix !

examen à réussir, d'une compétition sportive, pourtant amicale, mais à gagner impérativement.

Évidemment que certains défis sont nécessaires ! Je suis soulevé d'enthousiasme devant le parcours du footballeur Antoine Griezmann qui, pour réaliser son rêve, a quitté sa famille à quatorze ans et a choisi l'exil en Espagne. Mais ce choix était le sien, il n'était pas le fruit du désir inassouvi de ses parents. Il a été, pour lui, une manière de se réaliser, et non une façon d'être écrasé.

En aidant l'enfant à apprivoiser une certaine forme de silence, la méditation lui permet de partir à la découverte d'un autre mode de vie, dans lequel il n'y a pas autant d'excitation, mais où l'on est tout aussi vivant. Il ne s'agit pas non plus d'interdire l'accès à Internet ni les jeux, mais de découvrir ce continuum dont le fil est « être vivant », de différentes manières et dans des modes différents.

J'ai enseigné la méditation aux enfants, je sais qu'ils comprennent immédiatement ce que je signifie par là, ils le comprennent encore plus facilement que les adultes parce qu'ils ne sont pas encore imbibés de nos idéologies, de nos automatismes, ils ne sont pas encore prisonniers du carcan dans lequel la société nous enferme tous. Méditer est pour eux un état naturel : ils savent se foutre la paix, ils savent avoir un rapport amical avec eux. Ils ne sont pas coupés, comme nous, de leur corps et de leurs sensations. Ils font davantage confiance à leur expérience. Quand je leur demande de s'asseoir et de rentrer quelques minutes « à la maison », ils saisissent sur-le-champ ce que signifie ce geste tout simple.

J'organise régulièrement des séminaires de méditation, une ou deux semaines durant lesquelles des parents viennent parfois avec leurs jeunes enfants. Des activités sont prévues pour eux avec des moniteurs, mais, chaque matin, je les invite à pratiquer quelques minutes avec nous – il ne leur en faut pas plus, ils entrent tout de suite dans le tempo, là où un adulte a besoin de temps pour être vraiment là, pour se dire bonjour, dire bonjour à son corps, à son cœur, à ses pensées. Pablo était l'un de ces enfants. Sa manière de pratiquer était saisissante de naturalité. Il n'essayait pas d'endosser un rôle ni de se forger un personnage, il ne se prenait pas au sérieux comme peuvent le faire des adultes et n'avait absolument pas l'impression de se livrer à un quelconque rituel mystico-magique. Un matin, je lui avais demandé de prendre ma place et de méditer face au groupe. Son attitude exprimait bien mieux qu'un déluge de paroles le seul message que je voulais délivrer : asseyez-vous et foutez-vous la paix.

Aujourd'hui, Pablo a dix ans de plus. Il n'est pas un méditant assidu, mais je le vois de temps en temps revenir pratiquer avec moi. Il m'a récemment écrit. Je lui ai demandé l'autorisation de publier son mail, le voici :

Foutez-vous la paix !

« Le principal souvenir que je retiens de mon expérience de la méditation, enfant, est l'aisance que j'avais alors à me poser dans l'espace. À mesure que l'on grandit, la crispation et l'angoisse face au silence s'accentuent, la pratique devient plus difficile au fil des années... Avoir pratiqué très jeune permet un regard différent sur le passage à l'adolescence puis à l'âge adulte : prêter attention à son expérience de l'instant présent dès ses dix ans fait que l'on se voit grandir. Le rapport au monde évolue, et c'est là toute la richesse de ce que j'ai vécu : en portant un regard simple et méditatif sur ce que l'on vit, on entre très en profondeur dans la complexité de devoir grandir et changer. La méditation m'a appris à me "foutre la paix", et cela est très aidant lorsque, adolescent, tout semble devenir de plus en plus compliqué et oppressant, difficile et anxiogène. Je donnerais deux conseils pour une instruction aux enfants. Le premier : se contenter de sessions courtes, un enfant n'a pas besoin d'autant de temps qu'un adulte pour trouver une assise et être en rapport à son expérience (je peux en témoigner !). Le deuxième : leur expliquer que s'il leur devient difficile de méditer dans quelques années, c'est tout à fait normal. J'ai été averti, et je n'ai donc pas culpabilisé quand tenir sur le coussin est devenu moins naturel, à partir de mes treize ou quatorze ans. »

Conclusion

> *La réalité ne se révèle qu'éclairée par un rayon poétique. Tout est sommeil autour de nous.*
>
> Georges Braque, *Le Jour et la Nuit*

Pendant longtemps, j'ai été très réticent à parler du profond bonheur que procure le fait de s'autoriser à être. Je craignais qu'on confonde cette expérience profonde et libératrice avec la conception niaise et édulcorée du bonheur telle qu'elle nous est présentée à longueur de pages de magazines et dans la profusion d'ouvrages consacrés au bien-être.

Ce n'est pas à ce bonheur sucré et confortable que j'associe l'acte de se foutre la paix. Ce n'est pas à lui que j'associe la méditation. Le bonheur tel que je l'entends est une véritable aventure, avec son côté héroïque, ses épisodes inattendus, les peurs qu'elle réveille parfois, le sentiment de liberté qu'elle nous procure et les victoires qu'elle nous fait vivre. On se confronte à ses difficultés,

Foutez-vous la paix !

on va de l'avant, on rencontre de nouveaux paysages. Le bonheur dont je voudrais aujourd'hui parler est plus proche de l'émerveillement que du bien-être...

Il n'est pas un état abstrait de félicité constante que rien ne viendrait entraver, mais il consiste à vivre une existence riche et pleine de sens qui inclut aussi des moments difficiles. La souffrance en fait partie, comme elle fait partie de la vie. Une souffrance qu'il ne s'agit pas de chercher à éviter, ce qui est vain, mais à mieux comprendre. C'est ainsi que nous pouvons l'alléger, voire la guérir.

Sortir de soi : voilà la voie royale vers l'émerveillement. Nous ouvrir, défricher, découvrir. Nous autoriser à être, en dépit de la pensée dominante qui nous impose des œillères. Prendre des risques pour gagner en ampleur de vie. Avoir confiance en la vie.

Mais nous avons des craintes... Quelques mois avant sa mort, Kafka entamait la rédaction d'une nouvelle extraordinaire, *Le Terrier*, un texte peu connu, resté inachevé. Le narrateur est une créature mi-animale mi-humaine dont on ne sait pas grand-chose, sinon qu'elle entreprend la construction d'une demeure parfaite qui la protégerait de ses ennemis invisibles – dont on ne sait rien et dont on ne voit jamais le moindre indice prouvant l'existence réelle. Un bunker où elle vivrait, par prudence, séparée du monde extérieur. La créature multiplie les labyrinthes, les souterrains, les

Conclusion

impasses, elle se torture pour imaginer des plans encore plus complexes, elle accumule des provisions, et sa paranoïa monte crescendo à mesure que sa demeure se transforme en forteresse imprenable. Mais est-elle réellement imprenable ? Nous sommes cette créature, obsédée par ses mécanismes de défense qui ne la défendent pas mais qui, pour prétendument lui permettre de survivre, l'empêchent d'exister.

Je me suis peu à peu autorisé à m'émerveiller devant trois cerisiers en fleur, au bas de mon immeuble, à prendre le temps de les regarder, méconnaissables dans leur éclosion printanière. J'en étais heureux, pour rien ou plutôt pour beaucoup : je voyais la vie renaître et se déployer devant moi, comme une sorte de bonté primordiale. « C'était comme une de ces fêtes singulières, poétiques, éphémères et locales qu'on vient de très loin contempler à époques fixes, mais celle-là donnée par la nature », écrit Marcel Proust, émerveillé, lui aussi, devant des cerisiers en fleur...

Je m'émerveille en écoutant un concert de Mozart, parce qu'il m'apprend à ne pas avoir peur de perdre le contrôle. Parce qu'il me fait sortir de moi. « Chaque fois que je vous écoute, je me sens transporté au seuil d'un monde bon et ordonné, qu'il y ait du soleil ou de l'orage, qu'il fasse jour ou nuit ; je me trouve, en tant qu'homme du XXe siècle, enrichi de beaucoup de courage (sans forfanterie), d'élan (sans précipitation), de pureté

Foutez-vous la paix !

(sans ennui), de paix (sans veulerie)[1] », écrit Karl Barth en s'adressant à Mozart, à travers les décennies. Avec la musique, Barth redécouvre ainsi comment faire confiance à son intelligence, comment cesser de chercher à être calme pour trouver une paix plus profonde, comment faire confiance à l'allant de la vie, ce désir ardent qui ne demande qu'à nous mettre à l'œuvre...

Nous avons une vision très mécanique de notre « météo intérieure ». Nous partons du principe que son baromètre ne dépend que des événements extérieurs ; on nous l'a affirmé, nous ne le discutons pas. Pourtant, la vie est beaucoup plus riche que quelques difficultés passagères, aussi ennuyeuses soient-elles. Subir un contrôle fiscal ne m'empêche pas d'être par ailleurs heureux. De m'ouvrir aux cadeaux que continue de me faire la vie.

Ceci dit, s'émerveiller ne signifie pas s'abriter de la réalité, ni rêver les yeux ouverts. S'émerveiller n'est pas refuser de se confronter aux difficultés du quotidien – et en laisser la charge aux autres. S'émerveiller, c'est ne pas se laisser dévorer par ces difficultés, c'est aussi les affronter, mais admettre que celles-ci ne constituent qu'une part de la réalité. À nous de chercher où est l'autre part, de

---

1. Karl Barth, *Wolfang Amadeus Mozart*, Éditions Labor et Fidès, p. 11.

Conclusion

reconnaître dans un premier temps que tout ne va pas mal, et que nous avons juste des emmerdes qui ne réussiront pas à corrompre la totalité de notre existence. Cet émerveillement apparaît même dans des situations extrêmes. Des accompagnants de personnes dans des situations chaotiques, y compris des personnes en fin de vie, me racontent souvent le rayon de lumière qui apparaît quand ils touchent la quintessence de l'humanité. Qui émerge des tréfonds de l'être et qui apporte enfin la paix.

« Vivre est si renversant que cela laisse peu de place aux autres occupations », écrit Emily Dickinson, une poétesse qui m'est chère. Mais nous sommes tellement pris par ces autres occupations que nous en oublions d'exister. Nous habitons en permanence un personnage : ici je suis mère (ou père) et je dois me comporter de telle manière, là je suis infirmière ou infirmier et je dois me tenir de telle façon, ou fonctionnaire me devant d'agir comme les fonctionnaires. Je suis ces masques qui étaient portés dans le théâtre grec antique pour définir le personnage : un homme ou une femme, un comique ou un tragique, un humain ou un dieu, un gentil ou un méchant. Nous allons de masque en masque derrière lesquels nous nous dissimulons. Mais quand est-ce que je suis moi ? Quand est-ce que je touche la vie nue, cette chose qu'on ne contrôle pas, qu'on ne décide pas, qu'on ne maîtrise pas, et qui est là, et qui ne peut, au fond, que nous émerveiller ? Prisonnier de toutes mes identités, j'ai l'impression de ne plus être que ma fonction, ma position sociale, ma place dans la famille. Quand je me fous la paix, je me désapproprie de ces fonctions, je redeviens un être humain, juste un être humain. Et c'est un soulagement extraordinaire...

On ne peut pas habiter en permanence l'émerveillement : on le perd tout le temps et il nous faut partir à sa recherche. On ne peut pas le fabriquer ni l'inventer, on peut juste apprendre à le retrouver, à le laisser apparaître et à le redécouvrir à neuf. Il n'est pas l'expert ni le vieil homme en nous, qui prétendent tout comprendre et veulent tout analyser. Il est l'enfant qui s'émerveille d'un rond dans l'eau, du premier coquelicot dans un champ, d'un ballon lâché seul dans le ciel. Je connais des gens qui ont tout pour être heureux ; ils en ont peut-être trop et ne savent pas s'émerveiller de leur bonheur. J'en connais d'autres qui, en dépit de difficultés, de problèmes, entretiennent cet esprit en eux : ils ont confiance dans une chance qui les dépasse, que les croyants appellent Dieu, que je préfère nommer notre trésor intérieur.

Si je continue à pratiquer, tous les jours ou presque, c'est pour continuer à toucher à la vie. Mon émerveillement reste intact... même quand « ça va mal ». J'ai appris à avoir confiance en ma capacité de m'émerveiller. Je me fous d'autant plus

Conclusion

facilement la paix et j'éprouve alors cette sensation étrange qu'est la gratitude. La gratitude envers la vie, envers ma vie. Juste parce qu'elle est... J'avoue avoir mis du temps à parler de cet émerveillement que je ressentais : ce discours-là me semblait trop édulcoré, je craignais qu'il prenne le pas sur la radicalité qui m'appelle, sur l'urgence de se foutre la paix. Je me rends compte qu'il s'agit en fait du même discours : se foutre la paix n'est autre que s'autoriser à toucher cet émerveillement, à trouver l'esprit d'enfance que nous avons enfoui sous nos paroles d'expert. Un tel bonheur ne dépend pas des circonstances et c'est une profonde délivrance...

BIBLIOGRAPHIE

Voici quelques-uns des livres qui m'accompagnent. Ils m'ont permis de soutenir et d'approfondir ma découverte que l'acte de se foutre la paix est la clé pour se libérer aussi bien au niveau personnel que collectif.

Ce que je dois à la philosophie :

HEIDEGGER Martin, *La dévastation et l'attente : Entretien sur le chemin de campagne*, trad. Philippe Arjakovsky et Hadrien France-Lanord, Gallimard, 2011.
— *Séminaires de Zurich*, Gallimard, 2010.
— *Apports à la philosophie : De l'avenance*, trad. François Fédier, Gallimard, 2013.
WITTGENSTEIN Ludwig, *Remarques mêlées*, trad. Gérard Granel, GF Flammarion, 2002.
— *Leçons et conversations*, trad. Jacques Fauve, Gallimard, 1992.
WEIL Simone, *Œuvres complètes* (vol 1-7), Gallimard.
FÉDIER François, *L'Art en liberté*, Pocket, 2006.

Foutez-vous la paix !

Ce que je dois aux analystes de la violence sociale et de la marchandisation de l'individu :

MARX Karl, *Manuscrits de 1844*, GF Flammarion, 1999.
FOUCAULT Michel, *Dits et Écrits*, Gallimard, 2001.
LEGENDRE Pierre, *La Fabrique de l'homme occidental*, Mille et Une Nuits, 2000.
DIEHL Bruno, DOUBLET Gérard, *Orange : le déchirement : France Télécom ou La dérive du management*, Gallimard, 2010.

Ce que je dois au bouddhisme :

DOGEN, *Shōbōgenzō*.
Il existe diverses traductions, la plus complète en plusieurs volumes est celle de Yoko Orimo (Sully), mais j'aime beaucoup les ouvrages de Charles Vacher (Encre Marine).
Les entretiens de Lin-Tsi, trad. Paul Demieville, Fayard, 1972.
TRUNGPA Chögyam, *Le chemin est le but*, Le Seuil.
— *The collected work* (vol. 1-8), Shambhala publication, 2010.

Ce que je dois à la mystique chrétienne :

GUYON Jeanne-Marie, *Le Moyen court et très-facile de faire oraison que tous peuvent pratiquer*, Mercure de France, 2001.
L'Abandon à la providence divine, Desclée de Brouwer, 2005.

Bibliographie

PINY Alexandre, *L'Oraison du cœur*, Cerf, 2013.
MERTON Thomas, *L'expérience intérieure : Notes sur la contemplation*, trad. Micheline Triomphe, Cerf, 2011.

Ce que je dois à l'hypnose et à l'école de Palo Alto :

ROUSTANG François, *Jamais contre, d'abord : La présence du corps*, Odile Jacob, 2015.
ERIKSON Milton, *Traité pratique de l'hypnose*, trad. Cécile Bredelet, Grancher, 2006.
WATZLAWICK Paul, WEAKLAND John, FISCH Richard, *Changements : Paradoxes et psychothérapie*, Le Seuil, 1981.

Ce que je dois à la psychologie positive :

BEN-SHAHAR Tal, *L'Apprentissage du bonheur*, Pocket, 2011.
— *L'apprentissage de l'imperfection*, Pocket, 2011.
CSIKSZENTMIHALYI Mihaly, *Vivre*, Pocket, 2006.

Ce que je dois à quelques poètes :

DICKINSON Emily, *Poésies complètes*, trad. Françoise Delphy, Flammarion.
RILKE Rainer Maria, *Correspondance*, trad. Philippe Jacottet, Le Seuil, 1980.
— *Œuvres poétiques et théâtrales*, Pléiade, 1997.
MICHAUX Henri, *Œuvres complètes* (en trois volumes), Pléiade, 1998, 2001, 2004.

Remerciements

À Djénane Kareh Tager qui m'a non seulement permis d'écrire ce livre, mais m'a surtout engagé à faire un pas important pour me foutre la paix et trouver une manière de dire ce qui me hante.

Ce livre a été porté par mes discussions toujours si libératrices, neuves, vraies et justes avec Hadrien France-Lanord, François Fédier et François Roustang qui m'aident à donner à la nécessité de se foutre la paix une plus grande ampleur.

Je voudrais remercier Léonard Anthony qui a accompagné ce projet par son amitié sans jamais rien lâcher de ce qui importe, ainsi que Susanna Lea qui m'ouvre avec grâce les portes qui, sans elle, seraient trop fatiguées et tristes pour s'ouvrir.

Je voudrais aussi remercier Nicolas Watrin qui a su poser le défi qui m'attendait.

Foutez-vous la paix !

Merci à Charles Gallois qui a toujours veillé à rendre possible l'accomplissement de tâches innombrables.

Merci à Clément Cornet qui, à mes côtés, me permet de transmettre la méditation.

Pour aller plus loin, vous pouvez retrouver Fabrice Midal sur son site Internet :
http://www.fabricemidal.com

Vous pourrez vous abonner à sa newsletter mensuelle qui présente chaque mois un enseignement, retrouver nombre d'enregistrements et de vidéos d'exercices guidés sur comment se foutre la paix, disponibles gratuitement.

NORD COMPO
multimédia

Composition et mise en pages
Nord Compo à Villeneuve-d'Ascq

CET OUVRAGE
A ÉTÉ ACHEVÉ D'IMPRIMER
SUR ROTO-PAGE
PAR L'IMPRIMERIE FLOCH
À MAYENNE EN DÉCEMBRE 2016

N° d'édition : L.01ELKN000639.N001. N° d'impression : 90376
Dépôt légal : janvier 2017
Imprimé en France

FOUTEZ-VOUS LA PAIX !

Cessez d'obéir • Vous êtes intelligent

Cessez d'être calme • Soyez en paix

Cessez de vouloir être parfait • Acceptez les intempéries

Cessez de rationaliser • Laissez faire

Cessez de vous comparer • Soyez vous-même

Cessez d'avoir honte de vous • Soyez vulnérable

Cessez de vous torturer • Devenez votre meilleur ami

Cessez de vouloir aimer • Soyez bienveillant

―――――――――― • ――――――――――

« Un livre extrêmement libérateur et déculpabilisant. »

Psychologies Magazine

―――――――――― • ――――――――――

Philosophe et écrivain, **Fabrice Midal** est l'un des principaux enseignants de la méditation en France. Il a publié de nombreux livres à succès.

Prix France : 16,90 €
ISBN : 978-2-08-14-0428-1

Flammarion | Versilio